平凡社新書
1069

日本映画の「働き方改革」

現場からの問題提起

深田晃司
FUKADA KŌJI

HEIBONSHA

はじめに

2017年にアメリカの映画産業から始まった#MeToo運動の流れが、数年遅れてようやく日本の映画界にも波及してきた（かのように見えた）のは、22年のことだった。本書は、転換期にある日本映画界、転換期にしないといけない日本映画界に向けて、2000年代初頭からその片隅に生きてきた人間が綴る個人的な「フィードバック」である。

これから語るのは労働についての話、お金についての話、権力についての話である。これらはすべて、映画と呼ばれる「芸術」に最も大きく影響を与える最重要な下部構造でありながら、映画をめぐる言説から最も欠落してきてしまった部分でもある。本書は、その欠落を埋めるための本であり、またこの同時代で声をあげ始めている多くの人々と連帯をしていくための本である。

日本の映画興行、興行収入と呼ばれるチケット代の売り上げは近年好調といわれている。

一般社団法人日本映画製作者連盟の発表によると、2023年の国内興行収入は2214億円で前年比131・6％。新型コロナウイルス感染拡大で落ち込んだ2020年（1482億円）、21年（1619億円）から順調に回復し、コロナ前の水準に戻りつつあるようだ。これ自体は喜ばしいことである。一方で、それらの利益は映画業界で働く人々へ十分に還元されているのだろうか。

2015年、厚生労働省は働き方改革を打ち出した（そのキャッチコピーは「一億総活躍社会」という物騒なものだったが）。映画業界へのその影響はゆるやかであったが、その後の経済産業省による労働実態調査や数々の勇気ある告発を経て、映画の現場の過酷な実態が明らかになるなかで、以前に比べれば改善はされてきているようだ。しかし、パワハラやセクハラがなくなったわけではなく、長時間労働や低賃金に苦しむ映画人は今もいる。労働者として最低限の権利は保障されているのだろうか、女性であることで就労機会を不当に喪失してはいないだろうか、本質的なところでは改善されていないままだ。

本書ではまず、私自身の実体験をベースに統計資料を交えつつ、「映像労働者」の厳しい現状を報告し、次になぜそういったことが起こってしまうのか、問題の本質はどこにあるのかについて考えていきたい。

そして、具体的な解決策について、他国の事例をモデルケースに紹介しながら考えていく。ここでは、私が現在メンバーとして参加している社会運動、「action4cinema／日本版CNC設立を求める会」「一般社団法人日本芸能従事者協会」「表現の現場調査団」などの取り組みと成果についても言及していく。

本書は主に、映画・映像業界や、それに近しいクリエイティブな業界で働く人々、あるいは将来そういった業界で働きたいと考えている若い人たちに向けて書いたが、読者を限定はしない。映画をはじめとした映像エンターテインメントが多くの人にとって身近な存在である以上、広く一般の方の手にも取ってもらいたいと思っている。それゆえ、映画・映像業界特有の専門用語をなるべく排し、平易な解説を心がけた。

一方で、映画に関する公的支援の問題点のひとつに、現場のリアルな感覚が行政に伝わっていないことが挙げられる。私の経験がそのリアルを完全に網羅できるわけではないものの、ひとつの現場からの視点として法制度に携わる方々にもぜひ受け止めてほしい。

セクハラやパワハラの話から、なぜ「公的支援」の話になるのか。詳しくは本書内でも述べるが、要は日本映画界の現場で起きている諸問題のほとんどは、「カネ」で解決できるからであり、「カネ」がないのを精神論や根性論で克服しようとするとき、多くの軋轢（あつれき）が起きてくる。

ただ日本では、映画に関する助成金は数も種類も限られ、使いづらい。では海外ではどうなのか。そのあたりも印象論ではなく、できる限りデータを提示しながら述べていく。

また、私は今、映画教育にも関わり、いわゆる専門学校ではない一般の学校でも映画について話す機会をなるべく作るようにしている。本書の最後では、その授業で話している内容を紹介するとともに、「表現の多様性」「当事者の多様性」についても包括する。

「多様性」と聞くと身構える方もいるかもしれない。最近では、実現するより早く手垢（てあか）がつき古びてしまった印象もある言葉だが、しかしそれでもなお「多様性」こそ大切なのだ、と本書を読み終える頃には実感してもらえることを願っている。

日本映画の「働き方改革」●目次

第一章　日本映画の「現状」

ある新人スタッフの現場――深田の経験から

まずは少し昔の話から始めさせてもらえればと思う。1999年、映画監督を志望して映画学校に入学したとき、私は19歳であった。入学して2年目の頃、プロの現場でスタッフワークを経験しておかなければという気持ちから、ある商業作品の撮影にボランティアの照明助手として参加することにした。学校に生徒向けのスタッフ募集が掲示されていたのだ。

その作品はアクション映画で50分程度の中編、監督はすでにベテランで高い評価を得ていたA監督。大変な低予算の作品であったため（だからこそ映画学校でスタッフを探していたわけだが）、1週間で撮り切らねばならず、連日深夜に及ぶ撮影となった。6日目までは一応家には帰れていたが、最後の1日は30時間を超える夜通しの撮影となった。

A監督の撮影が長いことは業界ではよく知られていて、別の現場では徹夜の撮影が続いた結果、最後に起きていたのは監督と助監督と俳優だけで、他のスタッフは皆、カメラマンでさえ本番中に眠りこけていたという逸話を、関係者から後に耳にした。

次に参加したのがB監督の現場で、今度はボランティアの美術スタッフとしてだった。

美術工房で小道具を作ったり、大道具にひたすらペンキを塗ったりする仕事が中心だったため、A監督の現場ほどにはつらくなかった。

過酷となったのはクランクアップ後、追加撮影が決まってからだった。某駅で撮影した重要なシーンの仕上がりにB監督は納得がいかなかったらしく、追加撮影（追撮）することになった。

追撮で新たに必要となったのが、電車だった。本物の電車を借りる予算はないので、監督のオーダーに応じて3週間かけてベニヤ製の電車を作り込んだ。追撮には4日かかり、やはり連日の徹夜となった。内容は、バケツ一杯の血糊（ちのり）に人体の断片に見立てた大量の豚の臓物を入れ、セットの電車にぶっかけるというものだった。真夏だったので臓物は刻一刻と腐敗する。NGが出るごとに美術スタッフ全員で血糊の中から腐りかけの臓物をかき集めるという地獄絵図のような状況で、それまで経験した中で最も悪臭に耐えた現場だった。今から思えば、衛生環境としても最悪であったろうと思う。

その後、映画学校を修了する年にC監督の長編映画に装飾助手として入り、それはボランティアではなく初めてギャラの出る仕事となった。

その作品の制作予算は聞いた限り約3億円あり、それまでの現場よりはずっと潤沢であったが、長時間撮影の過酷さは変わらなかった。それどころか、なまじ予算があり帰りのタクシー代が支給されることから、長時間労働を止める最後の砦となる「終電」を越えて働かざるをえなかった。加えて、この作品は撮影スタジオでの撮影であったためロケ場所の都合や日照の制約もなく、いつでもいつまでも撮影ができてしまう。こうして俳優もスタッフも時間の感覚を失ったまま、昼夜を問わず、撮影は永遠のように続いていくのである。

そんな現場におけるある一日を振り返ってみる。

明け方。朝4時半に起床し、慌ただしく準備をして家を出る。まだ暗い街を駅まで向かい始発近くの電車に乗って、6時に映像業界待ち合わせのメッカである劇場・渋谷パンテオン（今はもうない）裏に到着。スタッフをまとめて乗せた車でロケ現場に移動し、先輩、同僚らとともにセットを飾る。

午前9時には「ヨーイ、ハイ！」と撮影開始。

それから食事を挟みつつ撮影を続け、深夜の1時にようやく終了。セットをばらしてタクシーに乗り込み、家に帰り着く頃には2時を回っている。ささっと風呂を浴び、深夜番組のニュースを眺めながらぼーっとする30分弱の時間だけが、ひとりで安らげる唯一の時間である。そのまま3時頃に眠りに落ちて、2時間ほど眠り、また出勤。

こういう日が約1ヵ月半は続いた。朝遅く始まるときも、夜早く終わるときもある（早い、と言っても22時とかである。撮影開始から1週間も過ぎる頃には、この時間で「早い」と錯覚してしまっていた）。ただし休みはない。映画の撮影ではだいたい1週間に1回程度、「撮休」と呼ばれる撮影が休みの日があるのが通例だが、ただそれはあくまで「撮影がない」ということに過ぎず、ほとんどの部署は何かしらの準備にその日を充てている。特に美術部は撮影が休みの日にも、次のセットや小道具の準備に追われているため、実質的に休みはないも同然であった。

過重労働の末にある死

こういった長時間労働の何が問題であるか。言うまでもなく、関係者の「安全」と「健康」を損なうことだ。

ある低予算映画に助監督として参加していたときのこと、やはりその現場も余裕のあるスケジュールを組むことが叶（かな）わず、早朝から深夜までの撮影が連日続いていた。

撮影開始から1週間が過ぎた頃、そろそろスタッフの疲労も限界まできている。その日は朝から野外での撮影で、昼過ぎにひとつのシーンが終わり、次の現場に移動することになった。

ただし、その現場は専門の運転手、いわゆる車輛部を雇う余裕がなく、移動の際の運転は制作部の人間が行っていた。俳優を乗せた制作部の車輛とスタッフの車、2台に分かれて移動したのだが、私たちを乗せたスタッフ車輛が目的地に着いても、俳優を乗せた車輛が来ない。

しばらく待ち、だいぶ遅れて道路の向こうに制作車輛が姿を見せた。しかし様子がおかしい。車体が明らかにふらつき、絵に描いたような蛇行運転をしている。

なんとか私たちのいる場所まで到着した車輛から出てきた俳優は顔面蒼白で、聞いてみると、運転手である制作の方が、運転中に何度も疲労と眠気で意識が落ちて前後不覚となっていたのだという。

このような笑えない状況を、様々な現場で大なり小なり多くのスタッフが目撃してきたはずだ。過労による不注意運転は、時に事故となり、実際死に至るケースも起きている。

映画業界は、過重労働の末に人が死ぬ場所なのである。

不安定な収入

2019年6月から9月にかけて経済産業省の委託事業において行われた映画制作現場実態調査によると、スタッフの総収入は従業員では年収400万円台が一番多く、フリーランスでは３００万円となっている。これだけを見ると決して多くはないが、他業種と比べてさほど悪くないようにも見える。

実感としてこの統計データの示す金額はやや「高い」と感じる。恐らくだが、調査が大手の撮影スタジオ周辺で働くスタッフ、それも技師クラスの人間に偏っていたのではないだろうか。

先ほどのC監督の作品で私が手にしたギャランティは、約40日間で20万円であった。これは、私のそのときの年齢（21歳）と新米であるというキャリアを考えると、業界的には「比較的」悪くない金額だったと思う。

これよりも待遇の良い現場はもちろんあるし、ケースバイケースではあるが、映画に関わっていると、「俺のギャラ、時給にしたらヤバイよ」という軽口はよく耳にする。では私が受け取った「比較的悪くない」ほうの20万円で時給を割り出してみるとどうなるか。準備から含め平均して、少なく見積もっても１日平均10時間は働き、休みなしで40日。すると、日給５０００円、時給にすると約５００円である。

交通費もギャラに含まれていた（ただし終電後のタクシー代は制作費から出る）ので、純粋に報酬として残る金額はもっと減ることになる。

野暮を承知でクソ真面目に指摘してみるが、これは立派な労働基準法違反だった。厚生労働省が定める東京都における最低賃金は、2001年当時でも時給708円。コンビニやファストフードで働く高校生にさえ適用される数字だ。

そして、最低賃金が1000円台を超えた2024年現在においても、この苦境は大きく改善されているとはいえない。

こういう話になると、映画スタッフは作品ごとの請負契約だから問題ない、という指摘を受けることがある。

たしかに、成果物の納入を約する請負契約の場合、雇用契約ではないので最低賃金法は適用外だ。しかし、請負契約か雇用契約かは、法律上、雇用主と労働者の間に指揮命令関係があるか否かについて実態を見て判断される。つまり、どのように働いても自由、受けた仕事を下請けに出すのも自由という場合は最低賃金が適用されないが、映画の撮影予定に合わせて、働く時間も場所も厳しく拘束される映画スタッフは、これにあたらないはずだ。

しかも作品単位の請負契約であるということは、会社から毎月定まった給料が支払われるわけではなく、それは低賃金でありつつ安定収入が望めないことを意味する。つまり収入を安定させるためには、低賃金であっても激務の自転車操業で働き続けなくてはならない。働き盛りの映画スタッフが、忙し過ぎて映画も見にいけなくなるのはあるあるで、下手したら自分が関わった作品でさえ見られていない。皮肉なことだが、芸術文化の場で働き生活を経済的に安定させようとしたら、映画を見にいけない非文化的な生活が待っているのだ。

低賃金と長時間労働はセット

映画の制作費は撮影日数に比例する。制作予算の内訳において、スタッフや俳優への人件費は大きな割合を占めるからだ。つまり制作費をできるだけ安く抑えるために最もてっとり早い方法は、稼働日数をできるだけ減らすことである。

しかし、撮影日数が短くなれば、その分一日の撮影時間が伸びていく。こうして、低賃金で長時間労働で、かつたくさんの現場をこなしなんとか収入を維持していかざるをえないフリーランスの薄利多売な働き方ができあがる。

ただ、先述した超低予算のA監督、中規模の予算のB監督、予算は潤沢であったC監督の現場の例からも明らかなように、日本の映画の現場は仮に予算があり撮影日数に余裕があったとしても長時間撮影になりがちである。そもそも、労働法に則(のっと)って映画を作ろうというような意識が稀薄なのだろう。ここが変わらない限り、労働環境が劇的に改善することは望めない。低賃金で文句も言わず長時間働いてくれるスタッフや俳優ほど、雇用者側＝映画製作会社にとって都合のいい存在はないからだ。

パワーハラスメント

前述のC監督の撮影現場は、眠れないという点でも大変ではあったが、それだけならA監督、B監督の現場と大差はなかった。何よりつらかったのは、パワーハラスメント（パワハラ）であった。

私は美術部の中の装飾部という部署の、一番の新米として雇用された。自主映画ではないプロの現場での美術部は初めてで右も左も分からず、また生来の鈍臭さもあり、とにかく怒られた。だいたいは助手の先輩からであったが、毎日のように怒鳴られ、ときには蹴られ、殴られた。

美術部の車輛の助手席で地図を見ながらナビする声が小さいと運転席から肘鉄が飛んできた。現場に持っていく小道具を間違えたとき、先輩が怒声をあげ走ってきたと思ったらそのままドロップキックされた。「お前クビにするぞ」とクビにする権限のないはずの先輩たちから何度も言われ、人格を否定するような言葉もよく浴びせられた。

このときは仕事ができない自分が悪い、仕事とはこういうものなのだろうと思って、ただただ耐え忍んでいたが、今から思えばそれらは単なるパワハラであり、モラハラ（モラルハラスメント）であり、ときに単なる暴行であった。

彼らからすれば、本当に仕事のできない人間が入ってきたわけで、「手を焼いていた」のだろうと思う。

いわゆるハラッサーにパワハラ行為の意図を尋ねると、これは映画の現場に限らず、「育てるため」「その人のことを思ってやっている」と答える人が少なくない。しかし、そもそものような手法で人を育てようとしている時点で、その教育は失敗している。

A監督の現場で、とてもいたたまれない場面に遭遇した。

演出部のサード助監督、つまり「一番下」の立場で働くD君にはほとんど現場経験がなかった。というのも、彼はA監督の大ファンで、A監督に手紙を書いて「現場を手伝わせてください」と直訴した結果、監督から呼ばれ現場に入っていたからだ。経験がなく何も分からない彼は、現場で各部署から何かあるたびに怒鳴られ怒られ、サンドバッグのようになっていた。大きなミスをして四方から怒鳴られ、虚ろな目をしたまま呆然と立ち尽くすD君の姿がいまだに忘れられない。

演出部や制作部は、なぜか各部署から攻撃されやすい。私がスタッフとして入っていた照明部や美術部などは、基本的に部署の上下関係の中で怒られることはあっても、他部署から叱責を受けたり手を出されることはまずなかった。そこには、技術者同士の最低限のリスペクトと距離感が働いているように思えたが、なぜかそのリスペクトは演出部や制作部に関しては働かないケースが多い。

すでに故人となったある監督は映画雑誌のインタビューで「現場を引き締めるために誰かひとり怒られ役を作るんだ」と嬉々として語っていたが、実際、D君のようなサード助監督が現場のあらゆるスタッフからずっといじられたり、怒られ続ける現場は少なくない。

これはもう個々人の資質の問題以前の集団によるいじめである。何よりもそういった暴力的な現場環境を確信犯的に看過している監督やプロデューサーなどの現場責任者の問題は大きい。仕事場におけるパワハラは個々人間の問題と軽視せず、組織や環境の問題として捉えないといけない。

こういった、映画の現場における教育の不備については、第二章第一節の「教育システムの不在」の項で詳述する。

俳優の危うい立場、セクシャルハラスメント

セクシャルハラスメント（セクハラ）について。ここでひとつの例題を挙げたい。

「ある映画の撮影中、大道具のベッドの上で俳優たちがスタンバイし、四方八方に立てられたライトから俳優たちに光が当てられている。裸で抱き合う男女のラブシーンで、カメ

ラは女性の俳優の背中側から撮影をすることになっていた。俳優たちにもそういった演出プランが事前に説明されていたが、撮影が始まってからほどなくして監督は新たなアイディアがひらめき、急遽カメラを抱き合う男女の横に据えたいと提案をした。そうするとふたりの胸はカメラに写ることになる。その場で演出プランの変更について助監督より俳優たちに説明がなされ、しばらくし、俳優たちは変更を承諾し、撮影は無事に続けられた」

さて、この一連の流れを読んで、皆さんはどう思われたであろうか。

はたしてこの状況は本当に「無事」だと言えるのだろうか。

映画業界におけるセクシャルハラスメント、性加害の問題は根深い。

性被害者がその被害を告発し、その告発が大きな連帯を生んでいった #MeToo 運動がアメリカで巻き起こったのは2017年のことであるが、その震源地となったのがまさに映画業界であった。ハリウッドの大物プロデューサーが、長年にわたるセクシャルハラスメントを複数の女性から告発され実刑判決の末に収監されることになった。

その後、韓国や日本でも同様の告発が相次いだ。被害加害の関係性においてやはり目立つのが、キャスティング権を握る側（プロデューサーや映画監督）からキャスティングされる側（俳優やタレント）への性加害であり、その背景にあるのは両者の間にある大きな権力勾配である。

事例の撮影の場面に戻りたい。この状況は「無事」といえるのか。「否」であると私は考える。

一番の問題は、俳優に対して強いプレッシャーのかかる状況下で、肌の露出や性に関わる演出プランについて提案と交渉がなされたこと、そのこと自体にある。結果以前に過程からすでに間違えている。

俳優は、よほどのスターではない限り、権力勾配の格差から監督やプロデューサーに対して意見のしづらい立場にある。今回のケースは加えて多くのスタッフが働く撮影中、カメラや照明に囲まれているといった、俳優にとっては心理的な負荷の大きいシチュエーションである。

「自分が断れば撮影が止まって迷惑をかけるかもしれない」「長時間働いているスタッフがさらに休めなくなるかもしれない」「監督をガッカリさせるかもしれない」「今後キャスティングされなくなるかもしれない」、そういった強いプレッシャーに相手を晒(さら)しながら即答を迫る「提案」は、相手から判断の自由を奪ったうえで答えを誘導するマインドコントロールに近い危うさを持っている。

消費者庁の「若者の消費者被害の心理的要因からの分析に係る検討会」がまとめた調査報告書には、いわゆる悪徳商法の勧誘の被害についてまとめられていて、若者が勧誘を受けてから購入・契約の判断に至るまでの心理の分析と対策が書かれている。それが、映画の撮影現場における俳優の抱える危うさを考えるうえで有効であったので引用したい。

「若者が勧誘を受けた際に注意すべき項目のチェックシート」のチェック項目には、「相手との関係を壊したくないと思っていませんか」「今すぐ判断するように言われていませんか」「少し断りづらいと思っていませんか」とあり、まさに今回のケースで判断を迫られる俳優たちに伝えてあげたい内容である。

消費者庁は、勧誘が長時間にわたって行われた場合、疲労や判断力の低下から本心とは異なる意思表示を消費者が行ってしまう傾向がある、とも指摘する。心身ともに疲弊する長時間の撮影現場においても同様であろう。

これらのマインドコントロールが確信犯的に行われる場合もあれば、ときに無自覚なまま俳優を追い詰めていくケースもある。

俳優は心身を晒して表現を行うため、何かトラブルがあったときに負うリスクもとても高い。だからこそできるだけ自由に判断ができる環境と時間を製作側は俳優には準備すべきである。

さわってほしくないチェックリスト

名前＿＿＿＿＿＿(役名＿＿＿＿＿＿)

○使い方

触れられたくない、見られたくない、撮影してほしくない等などの体の部位に、
印をつけて、コメントを書いて下さい。

○こんな時に

制作や監督、演出、相手役の方などが、口に出して聞きづらいとき、演者の方が、
申し出づらい時などに、必要に応じてご利用ください。

身体の触れられたくない所、見られたくない所は、人によって異なります。だからこそ「ここまでは大丈夫だろう」と決めつけず、事前に余裕を持ったタイミングで話し合うことが大切です。お互いの関係性や実演家のキャリア、性格、様々な状況によって、伝えづらい場合もあるかと思います。そういったときの、意思伝達のサポートのためにご活用下さい。

※無断転用・転載はご遠慮ください。

＊MEMO ＿＿＿＿＿＿＿＿＿＿

© 一般社団法人 日本芸能従事者協会

さわってほしくないチェックリスト（日本芸能従事者協会公式サイトより）

今回は、撮影中に監督の演出方針が変わるという緊急性の高いケースを紹介したが、では前日の提案ならよいのか、というとそういう話ではない。本来であれば、撮影開始前の脚本段階で俳優と十分に打ち合わせて、双方同意のうえで演出方針をまずは固め、その上でインティマシーコーディネーターの雇用を必要に応じ検討すべきである。

インティマシーコーディネーターとは、映画やドラマなど、映像の現場において、俳優らの身体接触や性的な演技、ヌードなどが演出上求められる際に、演出側と実演家の間に入り、双方の意向を調整しながら効果的な演出へとつなげる仕事で、俳優の尊厳をどう守るかという観点からも、近年注目され需要の高まる職業である。

最後に。この本を今読んでいるかもしれない俳優部の方へ。「ここは写されたくない」「ここは触ってほしくない」という意思表示を自分では行いづらいと感じるときが今後あれば、ひとりで抱え込まず、まずはマネージャーや第三者、現場で信頼できる方に相談しできるだけ素直な気持ちを座組に伝えてほしい。日本芸能従事者協会が作成する「さわってほしくないチェックリスト」が公式サイトからダウンロードできるので、必要な方にはぜひ利用してほしい。

撮影現場の外での被害

こういった撮影中に起きる問題のみならず、撮影外においても監督やプロデューサーから俳優へのハラスメント、あるいはレイプに相当するような深刻な性被害は残念ながら起きている。

「表現の現場調査団（以下、調査団）」が映像を含む表現分野をスノーボール方式で横断的にアンケート調査を行った結果が掲載された「「表現の現場」ハラスメント白書2021」では、アカデミックハラスメントについても結果を公表している。アカデミックハラスメントとは「大学などの教育研究の場において、優位な立場を利用して教育指導の適正な範囲を超えて精神的身体的苦痛や不利益を与えたり教育環境を悪化させる行為」のことである。結果、回答者1449名のうちの約4分の1がアカデミックハラスメントを経験したと回答している。なお、分野別の回答も掲載されているが、ハラスメントにおいて映画業界は特に酷く、他分野と比較しても見るに堪えない（しかし目を背けてはならない）、過酷な結果が示されている。

美術大学や映画学校などの教育機関におけるハラスメントの問題は以前から指摘は多い。調査団は2022年に、芸術系の大学における講師と生徒のジェンダーバランス調査を実施し、私は映画分野の調査担当者として参加することになった。結果、指導的立場にある人間の男性比率の高さなどが明らかになり、男性中心のホモソーシャルな環境とジェンダーバランスの不均衡がハラスメントを誘発する一因であると調査団は指摘している。

「action4cinema／日本版CNC設立を求める会」は、2022年に「映画業界において現場責任者が講じるべきハラスメント防止措置ガイドライン草案」を発表、2024年現在、公式サイトから「ハラスメント防止ハンドブック」がダウンロードできるようになっている。そのガイドラインの特徴は、ハラスメント防止措置を撮影現場などの責任者のみならず、いわゆる俳優教育などのワークショップの主催者にも求めている点にある。

このガイドライン草案を監修した四宮隆史弁護士は、職業柄様々な被害者からの相談を受ける立場にあるが、彼もまた現実として、俳優が深刻な性被害を受ける場所は撮影現場よりもその外であることが圧倒的に多いと指摘する。

撮影現場の安全を高めることは大切だが、それだけでは被害はなくならない。

ワークショップの弊害

いわゆる美大や映画学校などの教育機関とは異なり、広く一般で行われている分、実態が不透明なのがワークショップである。

ワークショップとは、直訳すれば研修会や講習会で、いわゆる「参加・体験型の講座」である。日本においても近年各分野で盛んに行われ、特に映画業界においては俳優向けに有料で演技を学べる場として人気が高い。

こういったワークショップが隆盛する背景には、日本における俳優教育が乏しくその補塡となっていることや、オーディション文化の未普及が挙げられる。

後者について補足すると、日本にはたとえばアメリカと比べオーディション文化が根付いていない。特に大作映画になると、主演クラスでオーディションが行われることはまずなく、直接的なオファーによって配役が決まっていく。そして、主演に決まった芸能事務所から「バーター」という形で、傍（わき）の役のキャスティングが決まっていくこともある。裏を返せば若い俳優たちがキャスティングのチャンスを摑む機会は非常に限られていて、ワークショップはそんな俳優たちと監督たちが出会える場になっている。

俳優に演技を教えるのは本来であれば演技の専門家である俳優やアクティングコーチであるべきだと個人的には思うが、日本のワークショップが演出家や映画監督に偏るのは、そのほうが需要を見込めるという主催側の思惑もあるのだろう。なかにはあからさまに「映画業界人と知り合いになれる」「何らかの役につながるかもしれない」と、射幸心を煽るような宣伝文句を謳うワークショップもある。

日本映画のオーディション不足から、相対的にワークショップに「出会いの場」としての需要が高まり、「監督やプロデューサーと親しくなれば役をもらえるかもしれない」という期待感が醸成されていった。それを隠すことなくビジネス化したのが、俳優など参加者から参加料を取り映画製作を行う、ワークショップ映画だった。

なお、海外のキャスティング事情に詳しい川口とも氏によると、アメリカにおいて俳優向けのワークショップを映画監督が担うことはまずないという。さらにアメリカには、俳優への詐欺を防止するためのクレコリアン法があり、様々な規制がなされているという。そのうちのひとつに「ワークショップオーディションとしてのニュアンスがあるなら無料でなければならない」というものがある。考えてみれば、役に合った役者を見つけることはプロダクションの利益につながることであり、それが有料で俳優側の負担をもって行われていること自体、極めて不自然なことである。残念ながら、日本における俳優ワークショップはクレコリアン法とは真逆の方向に進んでしまった。

日本映画の低予算化の果ての果て

日本でいくつかのワークショップ団体が続々と映画製作を開始したのが2010年代であるが、そこに至るまでの背景を簡単に書きとめておきたい。

フィルムからデジタルという映画史における大きな時代の変化において、1980年生まれの私はちょうど狭間の世代で、フィルムの映画を見て育ち99年に映画学校に入ったときにはすでにデジタル化が進んでいた。実際、私はこれまでビデオでしか映画を監督したことがない。デジタル化は映画制作に様々な恩恵をもたらしたが、同時に映像業界の低予算化も加速させていくこととなった。

日本映画の歴史については第二章で詳述するが、簡単に触れると、1960年代以降に撮影所システムが崩壊し、テレビの普及に伴い映画館の観客動員が急速に落ち込んでいく中で、制作費はジリジリと縮小し、映画会社は新たな戦略を求められるようになった。芸術映画の路線を明確に打ち出した日本アート・シアター・ギルド（ATG）や、一般映画と比べ低予算で利益の上がる成人映画の台頭などがそれに当たる。成人映画路線で代表的なのが日活ロマンポルノ、東映ポルノ、そして大手映画会社以外のプロダクションによるピンク映画である。

その流れは東映Vシネマなどへと引き継がれつつ、時代を経るごとに予算は下降線を辿っていった。1990年代には2000万円程度でVシネマが制作され、「こんな予算じゃ映画なんか作れねえよ」と現場スタッフは毒づいていたと聞くが、2000年以降、デジタル化の浸透によってあっという間に底が抜けた。

2010年から映画会社アートポートがスタートさせた「青春H」というレーベルがあった。文字通り「青春とH」をテーマにすれば何を撮ってもいいという、ピンク映画のソフト版のような触れ込みで始まったシリーズは累計で長編映画42本が作られた。制作予算はなんと100万円以下という超低予算であった。たしかにデジタル化によってフィルム代はかからなくなったかもしれないが、本来であれば長編映画が100万円以下で作れるはずがない。当然、この予算では監督、スタッフ、俳優は十分なギャランティを受け取れないし、むしろ監督の持ち出しになっていたであろう状況は想像に難くない。

「青春H」レーベルの登場により、いよいよ映画の低予算化も行き着くところまで行ったかと思っていたら、底の底がまた抜けて、その後に控えていたのがワークショップ映画だった。

ていった。

やりがいの搾取

ワークショップによる映画制作は、「青春H」シリーズと時期を同じくして盛んになっていった。

その内容は主催団体によって異なるが、プロの映画監督が「講師」となり応募をしてきた俳優やときにスタッフが「生徒」として一緒に映画を作るというものが一般的であった。それはときに「実践的映画教育」と謳われたが、見方を変えれば、本来はギャラを支払うべき俳優やスタッフからお金を徴収して現場に参加させ新作を作るという、安価で映画を作る裏技のような仕組みであった。

そこに教育的意義が一切なかったとまでは言わないが、その作品が劇場で商業公開されていることを思うと、やはり大きな問題を抱えた手法であると言わざるをえない。

第二章でも詳述するが、音楽や絵画、文学、漫画といった他の表現手法と映画の大きな相違点は、映画は膨大な資金が必要な表現であるという点だ。だから、プロデューサーは相応のリスクを負って資金を準備してから映画を作る。それはアクション映画であろうとアート映画であろうと本質的には同じで、それゆえにどこの国の映画プロデューサーも2年3年と時間をかけて出資を募り助成金に応募し、資金集めに尽力して、スタッフや俳優の人件費を準備し、ようやく映画を作るのだ。それがプロデューサーの仕事であり、そこまでしているからこそ、彼らは作品の権利を手にすることができる。

しかし日本のワークショップ映画の「プロデューサー」は、そのリスクを十分に負っているといえるだろうか。

海外においても、どうしても資金が集まらなかったときに、相互の承諾のうえで俳優がノーギャラで出演するケースはある。しかし、そういった場合においては、監督やプロデューサーはいわば自身の人間関係を作品のために投下し消費する最低限のリスクを負っているといえる。

ワークショップ映画はその最低限のリスクさえも「教育的意義」の美旗のもとに回避し、悪くいえば「どうしても映画を作りたい、どうしても出演したい」関係者の気持ちを利用する、典型的な「やりがいの搾取」である。

「貧しくも手弁当で純粋に映画と向き合っている」ことがまるまる美談となってよいのは、せいぜい自主映画までである。ワークショップ映画の背後には、そこで作られた作品の権利を得てビジネスを行う法人なりプロデューサーがいるということを忘れるべきではない。

最後に補足であるが、「青春H」やワークショップで作られた作品の質はここでは問うてはいない。予算があればたしかに質は上がりやすいが、劣悪な撮影現場から傑作が生まれてしまうこともままあることだ。それだけ映画の神様は気まぐれである。それゆえに、作品の「面白さ」によって制作過程における労働問題がうやむやになり、正当化されることがこれまで何度も繰り返されてきた。「作品のクオリティ」と「労働問題」を一度は切り離して考えなければ、搾取の問題を永遠に見失うことになるだろう。

撮影現場の外で起こるハラスメントを防ぐために

以上のような経緯から、日本においてはワークショップをキャスティングへの期待感と結びつける傾向が強く、結果としてそれに携わる講師、映画監督やプロデューサー、演出家に過剰な権力を与えることになった。実際にその権力勾配につけ込む一部の講師や関係者によって深刻なパワハラやセクハラ、性被害が起きている。

本来、ワークショップそれ自体に問題があるのではなく、真っ当に運営されているケースももちろんある。今後ワークショップをより健全な教育の場とし、信頼性を高めていくために、3つの提言を記しておきたい。

①ハラスメント防止策の徹底。講師へのハラスメント講習の実施、ガイドラインの設置、

どこに相談する？

ハラスメントにあったと感じたら、友人に話すだけでなく、ハラスメント相談窓口や弁護士に相談しましょう。いつ・どこで・どんな言動を受けたか、メモや録音などで記録に残しておきましょう。また、医療機関に行った場合には、必ず診断書を作成してもらいましょう。

表現の現場調査団のサイト https://www.hyogen-genba.com/leaflet2023 では、行政やNPOなどが運営する相談窓口を記載しています。無料で相談できる窓口や弁護士組織も紹介しています。

表現の現場調査団

アーティストや表現活動に関わるメンバーを中心に、表現や学びの場におけるハラスメントやジェンダーバランスに関する実態調査、ウェブサイトにおけるハラスメントに関する情報提供、ハラスメントに関する周知および啓発等を行っています。本パンフレットは、2020年に実施したアンケート調査をもとにしています。

メンバー：岡田裕子（現代美術家）、笠原恵実子（アーティスト）、小田原のどか（評論家／アーティスト）、木村奈緒（フリーランス）、キュンチョメ（アーティスト）、田村かのこ（アートトランスレーター）、津田道子（アーティスト）、寺田衣里（アーティスト）、蓮田新菜（舞台俳優）、花崎草（アーティスト）、深田晃司（映画監督）、maya masuda（アーティスト）、宮川知宙（アーティスト）、百瀬文（アーティスト）、森本ひかる（アクタートレーナー・ファシリテーター）、森山晴香（アーティスト）

2023年3月1日発行　制作・発行：表現の現場調査団
編集：杉原環樹、肥高茉実、福島夏子　デザイン：牧寿次郎　イラスト：unpis
助成：一般財団法人竹村和子フェミニズム基金

「表現の現場調査団」が発行している学生向けのリーフレット

また生徒への相談窓口の周知。

これはすぐにでも行える対策で、実際すでにいくつかのワークショップで実施されている。講師への教育は必須で最も重要であるが、ハラスメントを受ける生徒の側への最低限の知識の伝播もまた重要である。もちろん問題は加害者にあるが、何がハラスメントに当たるかの知識がないままだと、たとえ不快な行為を受けたとしてもそれを被害であるとさえ認識できず、心身を守れないままダメージが蓄積されていくこととなる。気がついたときには深刻な精神疾患に至ってしまうケースもある。

前述の「映画業界において現場責任者が講じるべきハラスメント防止措置ガイドライン草案」や、あるいは、「表現の現場調査団」が発行している学生向けのリーフレットをご活用いただきたい。また、「日本芸能従事者協会」ではハラスメント研修を実施していることも付記しておく。

②映画監督、演出家の講師への偏重をやめること。

これはぜひ俳優ワークショップを主催する運営団体の皆様にお願いしていきたいことで、俳優の教育は演技の専門家である俳優やアクティングコーチをまず講師の候補に挙げてほしい。そうすることで、ワークショップをキャスティングの期待感から一旦切り離し権力勾配につけ込んだ加害行為を抑止できるうえに、より実践的、具体的な授業内容が期待できるようになる。

世の中にはオーディションを兼ねたワークショップもたしかに存在し、そういったものを完全には否定しないが（ただし、クレコリアン法でもあったように、それらが有料で行われるのは問題である）、最悪なのはオーディションでもないはずの場で「気に入られればキャスティングされるかも」という空気感を運営や監督、プロデューサーが意図的に醸し出すことである。

③業界全体でオーディションの機会を増やしていく。

これについては最も長期的な目標になるが、そもそもワークショップにキャスティングへの期待感が集まってしまうのは、それだけキャスティングのチャンスが俳優たちに開かれていないからである。本来、監督やプロデューサーと俳優が出会うための正攻法は、オーディションであるべきだ。俳優はここで自分の演技や個性を披露し、監督やプロデューサーは彼や彼女が役にマッチしているかを判断する。より公正でシンプルな出会いの場としてのオーディションが映像映画業界に普及していけば、ワークショップをより純粋な演技の研鑽の場として開放できるはずだ。そのために、オーディションを積極的に行う座組に対しその負担を補塡する助成金などがあってもいいとさえ個人的には思っている。

もちろん、これらの提案が実現されたとしても、加害行為がゼロになるわけではない。ハラスメント講習を受けた演出家によるセクハラ行為、ベテランの俳優講師による後輩俳優へのセクハラ行為、オーディション文化が浸透したアメリカでのプロデューサーによるセクハラ行為、これらは実際にここ10年の間にすべて起きてきたことだ。

大事なのは、これらの対策を実践したとして、それでやっとスタートラインに立つということだ。人間は常に不完全な存在であるから、どんなに学んだとしても過ちを犯す可能性が残されることを前提に、ハラスメント対策は継続的に辛抱強く行っていかなくてはならない。

デジタル化が招いた「嫌な感じ」の搾取

２０００年代以降に進んだデジタル化と低予算化について先述したが、私自身、青春Ｈやワークショップ映画には関わっていないものの、過去には相応に低予算で映画を作ってきてしまった人間のひとりで、決して自分のこれまでを棚に上げる訳にはいかない。２０００年以降に自主映画からデビューに至った多くのインディペンデントの監督が、同じ十字架を背負っているだろうと思う。

デジタル化以前にも、超低予算で作られる自主映画や学生映画は存在していたが、その頃の例えば８ミリフィルムで作られた自主映画と、昨今の低予算映画のもたらす印象は何かが違う。内容面のことではなく、２０００年以降はより「嫌な感じ」の搾取が増えてきた気がするのだ。何が違うのか。低予算で作れるという点では、８ミリフィルムもビデオ映画も大差はない。変わったのは、映画館など上映環境のデジタル化が進んだことだ。

一般的に、映像技術のデジタル化は、多くの恩恵をクリエイターにもたらした。ビデオカメラの小型化、低価格化や家庭用パソコンによる高度な編集が可能になったことで、監督たちは高価なフィルムや機材の制約から解放された。大きな資金的元手がなくても、手軽に映像表現を実践できるようになったからだ。

時を同じくして、映画館にもデジタル化の波が押し寄せてきた。まずはミニシアターがビデオの上映設備を設置し始めた。映画館にビデオ上映のインフラが整ったことで、ビデオカメラで撮った低予算映画も一般映画と同じように映画館で公開できる道筋ができた。つまり小さいながらも自主映画が「ビジネスの場」にスライドしていったのだ。

これは画期的なことだった。なぜなら、それまで低予算の自主体制で撮影された映画は、よほどのことがない限り商業ベースでの劇場公開は難しく、石井岳龍監督の『狂い咲きサンダーロード』のような稀有な例もあったが、基本的には映画祭や自主上映で上映機会を確保していくことしかできなかった。8ミリや16ミリの上映設備を映画館は基本的に備えていないからだ。

つまり、2000年代以前の自主映画や個人映画の多くは構造的に非商業であることを前提に作られていた。それは小劇場の演劇と近い感覚なのではないだろうか。だから監督もスタッフも俳優も手弁当や低賃金で、商売目当てではなく、「自分たちが作りたいもの」を作るために集まれた時代だったのだ。2002年に『芸術立国論』を著した劇作家・演出家の平田オリザ氏があるインタビューで「かつての演劇集団が持っていた〝理想を掲げて若い人を騙す〟みたいな、〝文化大革命〟みたいなのはやめよう」と演劇の歴史を批判的に振り返っているように、同様に2000年以前の自主映画もまたそれはそれで搾取であるともいえるわけだが、よくも悪くも、商業公開作品とそれ以外のオルタナティブな映画の境界線は今よりも明確に分かれていたといえる。

しかし2000年代以降の作る側と映画館双方のデジタル化の浸透は相互の取引を促進し、自主映画、個人映画、低予算映画を巡る状況を一変させた。たとえ撮影の段階においてはかつての8ミリ映画と同じ気概で有志が集まっていたとしても、そうして作られたビデオ映画を規模は小さくとも一般映画のようにミニシアターで公開し、相応の利益を上げられる可能性が出てきたのだ。その新たな配給興行の可能性に、プロデューサーや映画会社が次第に気づき始めたのが2000年代後半の頃である。

彼らのうち一部のプロデューサーは撮影フローを効率化できるビデオ映画の技術的なメリットのみならず、それまでの自主映画、個人映画における手弁当のような低賃金の慣習をもスライドさせて人件費を圧縮し映画制作を行ってしまった。「青春H」や多くのワークショップ映画がそうであったように。

現場を支える俳優やスタッフたちの気概で作られた作品の権利を、相応のリスクを負わずにプロデューサーや制作会社が手にして、そこから上がる利益は現場の人間にはほとんど還元されない。1990年代以前の低予算自主映画も小劇場の多くの演劇同様、どこかで無自覚な搾取を行っていたというべきだろうが、2000年代以降はビデオ映画の経済的な可能性に気づいた人間による確信犯的な搾取へと変わっていった。それが近年の多くの低予算映画に感じる「嫌な感じ」の正体であるように思う。
なお、極端な低賃金でビデオ映画が作られ、ミニシアターで上映されるという積年の負のサイクルは、業界に労働対価に対するモラルハザードを引き起こしたのではないだろうか。撮影現場だけではなくミニシアターにおける労働環境の悪化の一因もそこにあるように思える。

映像業界、なぜやめた?

NPO法人「映画業界で働く女性を守る会」という団体がある。「Support for Women in the Film Industry」、通称swfi(スウフィ)だ。代表のSAORIさんは、2001年にボランティアスタッフとして映画業界に入り、映画やドラマの小道具として活躍されている方だ。私は20年ほど前にたまたま現場でご一緒したことがあった。
そのSAORIさん率いるswfiが2022年11月、「[映像業界]なぜやめた?アンケート調査」という調査報告書を公開した。「「映画、ドラマ、TV番組全般」に携わる仕事をしていた方(スタッフ・出演者)で、業界を既にやめた方、1年以上のブランクを経て復帰した方。年齢、ジェンダー問わず。」(同会HP)を対象とし、「なぜやめたか」の

Q　なぜやめたか、理由をお答えください。（複数回答）

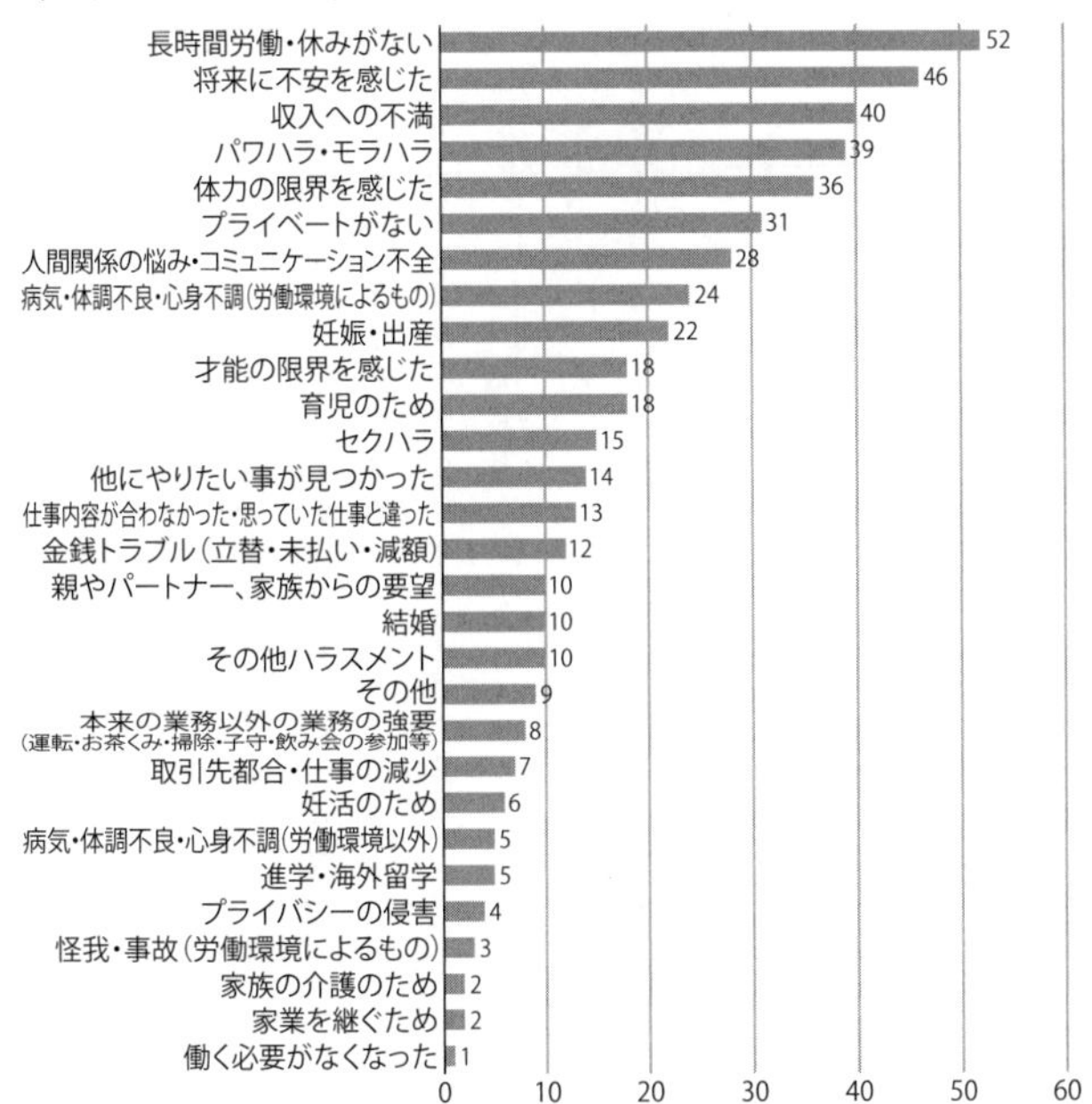

資料：NPO法人映画業界で働く女性を守る会（swfi）「［映像業界］なぜやめた？アンケート調査」

理由を聞くアンケート調査を実施し、118名の方からの回答を得たものである。

その上位には、本書でここまでに述べた「長時間労働・休みがない」「収入への不満」「パワハラ・モラハラ」およびそこから派生する生活上の切実な困難が、ずらりと並んでいる。

この結果には業界の切実なリアルが詰まっている。

私は今44歳であるが、この業界から去っていった多くの監督、スタッフ、俳優のことを知っている。彼らは本当に、適性の問題のみでやめていったのだろうか。

もしあなたがある程度の年齢で、まだ映画に関わり続けられているのであれば、その結果は必ずしも自身の努力と才能のみで得られたものではないかもしれない、と考えてほしい。低賃金で収入の不安定な労働環境においては、様々な外的条件が業界で生き延びられるかどうかに大きく影響する。

たとえば実家の支援があれば低賃金にも耐えやすくなるだろう。裕福であればなおさらだ。東京生まれというだけでも優位になりやすい。映画の仕事は東京に一極集中していて、地方から東京に出てきてバカみたいに高い家賃を払いながら、低賃金で不安定な仕事を続けるのは容易ではない。あるいは独身というだけで優位かもしれない。結婚を取るか映画を取るか、出産を取るか映画を取るか、そんな二者択一の中で映画を断念していった者も少なくない。アンケートを見るとやめた理由に「妊娠・出産」「育児のため」とあるが、夫婦が映画業界で共働きだった場合、出産によってやめていくのはほとんど女性である。ジェンダーロールの固定化の問題がここにある。つまり男であるというだけでも優位に立つのだ。

映画業界の雇用は人間関係によって成り立っている面が強く、一度キャリアが途絶えてしまうと、数年ぶりに復帰したとしてもまた元のように働くのは容易ではない。

映画業界のマタイ効果

この議論になると、「男女差別はない。実力が伴わなかっただけではないか」という意見もよく見かける。はたしてそうだろうか。

「マタイ効果」という有名な社会学用語がある。アメリカの社会学者ロバート・キング・マートンが１９６８年に提唱した理論で、「科学研究の分野で大きな実績を上げた研究者には、その実績によってより良い環境が与えられ、さらに実績を上げやすくなっていく」といったものだ。

前述したように、映画制作には多大な予算が必要となる。経済的なリスクが大きいからこそ、少しでもリスクの小さい方向へと出資は流れていく。人気のある原作、有名な俳優、分かりやすい物語、実績のある監督やスタッフなどなど。それはつまり、素地にある雇用の不均衡がそのまま維持されやすいことを意味する。マタイ効果によって、雇用から排除をされてきた者たちへの排除の固定化、差別の固定化が引き起こされていくのだ。

「出産・妊娠」に伴うキャリアの断絶の負担を背負わされている女性たちがまさにそれに

当たる。私の映画に関わってくれたある女性スタッフはこう言っていた。「妊娠・出産すると仕事が減る。こちらはやるつもりでも、みんな〝善意〟で仕事を振ってこない。大変でしょうから、って」

仕事を振る側が、「子育てで大変に違いない」と先回りして発注を控えてしまうのだ。産休・育休制度が整っている一般企業なら仕事を休んでいる間、健保や雇用保険などを利用することで給料の5〜7割程度は手当や給付金が受け取れるであろうし、それによりキャリアへの影響はゼロではないかもしれないが、戻ってみたら椅子がなくなっているということはまずないだろう（あったら大問題だ）。しかしフリーランスの映画人に産休育休の給付金はなく、仕事をしなければ収入は途絶え、産休を終えた後に仕事が同水準に戻る保証はない。一方で、父親である男性のほうには想像するに仕事が増えるケースのほうが多いだろう。ある種のご祝儀、出産祝いのようなイメージだ。「お前も父親になったんだから、仕事頑張れよ」である。しかし女性側には「母親なんだから、子どものそばにいてあげないと」となるのだ。

結果、女性は仕事の現場から遠ざかり、逆に仕事を得た男性はその実績によりさらに仕事を得ていくマタイ効果が連綿と続いていくことになる。

日本映画は年間に600本前後も作られている。他国と比べてもこの本数は極めて多い。その多彩さに「いいね」を押すのは簡単だが、それらの作品が生み出される過酷な環境を忘れてはならない。映画作りに関わることができるのは、やはりどこかで恵まれた人であるだろう。長時間労働に耐えられるだけの体力がある人、家族などから経済的支援を受けられる人、たまたま地方に生まれなかった人、ハラスメントに対する耐性の強い人、たまたまハラスメントに遭遇しなかった人、たまたま男性である人、そんな条件を持つ人々が圧倒的にこの業界に残りやすい。それは本当の意味での多様性といえるだろうか。

つまり今の日本では、**映画を作る本質的な才能とは関係ないところで、映画業界に生き残れるかどうかが決まってしまう。**生存者バイアスで生き残ったサバイバーからは見えてこない世界を、ｓｗｆｉの統計は見せてくれる。

どれだけ多くの人が表現の当事者になれるか

表現の多様性とは結局は人間の多様性である。

しかし、スタートラインからすでに平等ではないのが、日本の映画業界の実情である。もちろん、完全な平等や公正などは世界のどこを探しても存在はしない。ただ、近づけるための努力はできる。

差別なく誰もが表現に関わることのできる社会でなければ、本当の意味での表現の多様性は訪れない。どれだけ多くの人が表現の当事者になれるか、その選択肢を得られるか、その一点こそが大切なのである。

もちろん、当事者性ばかりが表現ではない。非当事者であっても取材を重ね、想像力を駆使して描けるものはあるだろう。しかし、「フェミニズムに理解のある男性監督が女性に寄り添った表現をする」ことと、「女性自身が表現の当事者になる」ことの意味は大きく異なる。

第四章で詳述するが、欧米で黒人が奴隷だった時代に、詩を書き戯曲や小説を発表した黒人の作家たちがいた。黒人監督によるブラックムービーの運動があった。それらのことが、どれだけアメリカの白人至上主義の社会において黒人への理解を深めていくのに貢献しただろうか？　白人が黒人を慮（おもんぱか）った作品を作ればそれでよいわけではない。トランスジェンダーや、あるいは聾者（ろうしゃ）などの当事者による表現においてもまた同様である。誰もが表現に携われる環境は社会全体で醸成し守っていかないといけない。それは、結果として社会を変えていくことにつながるだろうが、何よりもまず大切なことは、表現することそれ自体、その愉しみから誰も排除してはならない、ということである。

精神論より大事なお金

昨年、あるインフルエンサーの方の投稿が話題になった。インボイス問題に関する発言であったが、要約すると「たとえ貧しくてもゴッホのように創作を続けられることが才能」というものだった。困窮を訴える現代のクリエイターに対し、ゴッホを引き合いに甘えるなと揶揄する意図がそこには明確にあった。しかし、これはそもそも前提を間違えている。

生前に1枚しか絵が売れなかったゴッホがなぜ画家を続けられたかといえば、ひとえに家族の支援のおかげである。弟テオの支えがあったからこそ、彼は貧しいながらも絵を描き続けられたのだ。つまり、彼もまた幸いにも「恵まれた人」のひとりだったといえるのだ。そして、当時の美術市場からは見向きもされなかったゴッホの絵が、100年後、どれだけの富をオランダという国にもたらしたか。あるいは、人類にとってどれだけ大きな精神的な財産となったか、計り知れない。

ゴッホの生涯は、同時代的な市場の評価のみでは芸術の価値は測り切れないこと、そして芸術家の貧困を支えるのは精神論ではなく「テオの仕送り」のような具体的な支援であることを教えてくれる。

実際、今まで挙げてきた映画業界の貧困問題、労働問題、不平等の大半は、そのほとんどがお金で解決できることばかりだ。少なくとも、完全な解決までの道は険しくとも、改善はできる。

お金があれば、撮影日数を増やすことができる。撮影日数が増えれば、長時間労働や徹夜撮影を回避できる。寝不足での運転事故も減り、集中力低下を防ぎ、現場での安全も高められる。お金があれば、ハラスメント講習をすべての撮影現場で行えるよう支援することができる。お金があれば、ベビーシッターに対する補助金を出したり、託児所を増やすことでママ、パパが働きやすい環境を作れる。

お金があれば精神論のみに頼らずに、問題を解決できるのだ。

第三章で後述するフランスの文化労働者のための失業保険制度の根幹にあるのは、そういった視点なのではないだろうか。その制度は「家族の支えも受けられず、絵筆を折っていったかもしれない無数のゴッホ」を今も支援している。しかし、そのような制度が不足する日本においては、過酷な環境をサバイブできることが作品を作り続けるための必要条件となってしまうのだ。それは未来のゴッホの可能性を潰していくことと同意である。

第二章　日本映画の「これまで」

第一節　日本映画界における雇用形態の変化

東宝争議と新労働協約

ここに、一冊の古びた本がある。国立映画アーカイブの図書室の書架より借り出した、ごく薄手の冊子である。

開いてみると大きな文字で「団体協約書」とあり、映画撮影にあたっての労働規約が事細かく示されている。

例えば「労働時間」の項目では、「1週間の労働時間は44時間、1日の労働時間は原則拘束8時間」と現在の日本映画の撮影時間を思えば夢のような数字が書かれている。さらに規約は続く。「職場解放後、8時間以内には召集しない」とあり、さらに「給与」の項目には「職場解放後8時間以内に非常召集された場合は時間外手当25%増」とある。時間外手当の他にも家族手当や深夜手当について定められている。「休暇」の項目には、産前産後休暇やなんと生理休暇、健康診断の実施までも定められている。

これは、どこの並行世界の日本での撮影現場だろうと思うが、冊子の表紙を見ると、

「東宝の新労働協約について」とあり、発行は１９４６年、東宝株式会社の名が明記されている。つまり遠い並行世界でのファンタジーではなく、過去に東宝撮影所で実際に使われていた労働規約であった。

冒頭には「東宝株式会社と日本映画演劇労働組合との間に労働組合法の精神に基いて以下の協約を結ぶ。従ってこの協約書に含まれるすべての条件・権利・義務はこの協約書の有効期間中、会社及び会社に従業する組合員に適用される」と書かれている。

今見てもこれらは十分に健全なルールである。週44時間は、現在の日本の劣悪な撮影環境はもちろん、日本よりずっと厳しい韓国の標準労働契約書に定められた週55時間よりもさらに厳格な数字である。

なぜこのような極めて健康的な労働協約を映画会社と労働組合が交わせられたのか、時代背景からまず説明したい。

１９５０年代頃までは、東宝、松竹、東映、大映、日活といった大手映画会社はそれぞれが撮影所を経営し、そこでは映画会社直営の映画館に作品を供給するために量産体制が敷かれていた。それだけ多くの観客が映画館に映画を求め、映画が作られ、それにより雇用が安定する需要と供給の良好なサイクルが創出されていた。

そのような中、１９４６年から50年にかけて、東宝で大規模な労働争議が発生した。戦後最大の労働争議といわれる、通称「東宝争議」である。経緯はとても複雑でここに書きることはできないが、映画監督やスタッフ、俳優らが参加する労働組合が待遇改善や人員整理撤回を求めてストライキを行い、果てはGHQ、アメリカ軍までも巻き込み「来なかったのは軍艦だけ」と言われるほどの大騒動の末に長期化し、第四次争議までもつれ込んでいった。この規約はそんなさなかに組合が勝ち取った成果のひとつである。

井上雅雄著『文化と闘争　東宝争議1946-1948』には、新労働協約制定後の撮影現場のリアルな証言が紹介されている。

「昼食時間前、十一時五五分、夕方、就労時間前の四時四五分になると、何がなんでも、まず照明灯が切られ、真っ暗になった中で、撮影部がカメラに覆いを掛けたり、三脚を畳んで帰り支度をする」とは俳優・池部良の証言で、また山田五十鈴も「「女優」の撮影がおこなわれたのは、組合活動がさかんになったときで、たとえば五時になると、たとえ一カットのこっていてもライトをきって皆帰ってしまう」と述懐している。

彼らの証言は慣れない労働協約への戸惑いから、むしろやや批判的なトーンでさえあるが、しかし時を経て現在、他の様々な国での撮影の日常は、むしろこの証言にあるような状況に近い。

労働協約を守ろうとすれば、当然1日で撮れる分量は減り、撮影の効率性にも影響してくるが、当時の組合員がなんとか遵守をしようと努力していた様子がこれらの証言からは窺える。

しかし、この新労働協約は現在、影も形もなくなっているのは言うまでもない。そうでなければ、連日の徹夜撮影など許されるはずがないのだ。

帝国の亡霊

では、東宝争議の時代から半世紀以上を経て、なぜ日本映画界の労働環境はここまで悪化してしまったのか。結局は「日本にはかつて撮影所システムが存在した。そして今はない」、このことに尽きるだろう。

まず、東宝争議に関わった映画監督、スタッフや俳優たちは、現代のそれとは立場が大きく異なっている。当時は俳優もスタッフも社員として専属雇用されていて、今よりもずっと安定した環境で働いていた。つまりそれだけ当時の映画スタジオは経済的に余裕があったということだ。しかし、1960年代以降、テレビの登場によって映画館の動員数は激減、映画産業が縮小していく中、大手映画会社は自社の撮影所を貸スタジオとして提供し、ほとんどのスタッフや俳優が解雇されフリーランスとなった。つまり、多くの映画関係者が不安定な雇用下に置かれることとなったのだ。現在、撮影現場で働くそのほとんどがフリーランスである。2019年に経済産業省が行った映画制作現場実態調査によれば、映画スタッフの実に76・2%がフリーランスとして働いている。

残念ながら、日本映画界はこの時代の流れ、雇用の変化に対して十分に対応してこれなかった。東宝争議で勝ち取られた労働組合の規約は、スタッフや俳優のフリーランス化と労働組合の弱体化に伴い有名無実化し、それから半世紀をかけて労働環境は悪化の一途を辿っていった。なぜ、映画業界はここまで変化の速度が遅いのか。その陰には帝国の亡霊が潜んでいる。

かつて五社協定というものがあった。大手映画会社5社（のちに6社）による、専属の監督や俳優の引き抜きや貸し出しを禁止する協定である。今の視点で見れば独占的地位の濫用とも思える申し合わせであるが、そのようなことも許されるぐらい当時の日本映画界で撮影スタジオを抱える映画会社は絶大な力を持っていた。撮影所システムの終焉後には五社協定も自然消滅していったが、その後も大手映画会社は日本映画製作者連盟（映連）という形で今に至るまで業界内に強い影響力を残し続けた。

かつて組合を通じて撮影所を舞台に映画会社とスタッフ・俳優がぶつかり合ったのも今は昔、解雇された俳優やスタッフはフリーランス化という時代の流れの中で分散し、ただでさえ弱かった立場がさらに弱体化していく。企業の論理は現場の声を圧倒し、またかつて映画大国であった黄金期の慣習が業界の端々で後ろ髪を引いてくる中で、日本映画界は変化のあゆみを鈍らせていった。これが帝国の亡霊の正体である。

最後に一枚の写真を紹介したい。左は東宝争議真っ只中の頃の写真で、当時の人気俳優が銀座の街でデモを行っている。

『画報現代史〈第４集〉』より

芸能事務所によるマネージメントシステムが主流となり俳優が主体性を持ちづらい現代の日本の芸能界では信じられない光景である。ただ当時であっても俳優は決して自由であったわけではない。このすぐ後に俳優の自由な活動を制限する五社協定が作られたように、むしろ今以上に強い束縛を受けていた。それにもかかわらず先人たちは声をあげていたのだ。今だからこそ思い出すべき歴史の一枚である。

教育システムの不在

もちろん、昔はよかったと懐古することに意味はない。かつての撮影所システム、亡霊の復活はありえず、また労働環境という点でも、手荒く粗野な技師やスタッフによる怒号や暴力、性的な冗談が昔から多くの撮影所で飛び交っていたであろうことは想像に難くない。しかしそれは、当時の時代状況を思えばどの業界においても大なり小なり似たようなものであっただろう。しかし、１９８９年に日本で初めてセクシャルハラスメントを争点とした裁判が起き、また２００１年にはハラスメントの類型としてのパワーハラスメントという用語が新たに提唱されていくなど、社会は少しずつ変わっていった。しかし、外界の変化に合わせることができなかった映画業界は、時代錯誤な労働慣習を残し続けてしまった。

撮影所システムの崩壊によって失われたもののひとつに、安定した教育環境がある。日本には以前から演技や撮影技術を体系的に教える教育機関が乏しい。もちろん映画学校はあるにはあるが、現場に人材を安定的に供給できるほどに充実しているとはいえない。教育機関が十分ではない以上、新人は現場で先輩のやり方を見ながら仕事を覚えていくしかない。

映画撮影の現場においては、撮影隊は監督の苗字を冠して「小津組」「黒澤組」などと呼ばれる伝統がある。撮影所システムが全盛であった頃は、それぞれの「組」ごとに俳優やスタッフはある程度固定化していて、撮影部なら撮影部、美術部なら美術部、各部署がチームとなって複数の作品に関わり続けていた。そういった撮影現場の継続的な関係性の中で時間をかけて、先輩から後輩、技師から助手へと技術やセンスが伝承されていく。いわゆる徒弟制度であるが、それを成り立たせていたのは、専属契約による安定雇用と、新人に実地で学ぶ機会をふんだんに提供する映画の量産体制に他ならない。

しかし、撮影所システムが崩壊した後、撮影現場は一部の巨匠の現場を除いて、フリーランスのスタッフが現場ごとに集まり終われば解散していく離合集散スタイルへと変化していく。つまり、作品ごとに参加し、作品ごとにギャラをもらい、撮影が終わればスタッフも俳優も散り散りとなりそれぞれがまた別の「組」へと移っていく、そんな働き方にシフトしていったのだ。

技師と助手は比較的セットで動いていることが今でも多いが、しかし助手不足の昨今、常に同じ助手がひとりの技師についていることはまずないだろう。

こうなると、現場スタッフの固定化は難しく、一作ごとに集合と解散を繰り返す中で、持続的な教育環境の確保は困難となっていった。そしてこの問題は、撮影現場の低予算化と併せてハラスメントの要因のひとつとなっていく。

失敗の許される環境

前述したように、制作予算の低下は撮影日数の減少につながる。

例えば、予算がないとそれまで3ヵ月かけて撮影をしていた劇映画を、2ヵ月、1ヵ月、数週間で撮らねばならなくなったりする。少ない撮影期間で新人を仕事に慣れさせ、成長させようとするとき、往々にして無理が生じる。本来、教育とは相応に時間と手間をかけなくてはならない分野であるからだ。

新人は未熟であること、ときに失敗することを前提に雇われなくてはならない。もし即戦力を期待するのであれば、十分な賃金を提示し経験者を雇うしかない。即戦力にはならない、役に立たないかもしれない新人を雇う意義は、遠くない未来に自分も含めた業界を支える担い手を増やすための投資であり、その将来性のためにも仕事場には新人のための隙間を空けておく必要がある。

経験の浅い新人に必要なのは、過度な負担と責任が負わされないこと、つまりは失敗がある程度は許される環境である。

しかし時間的・経済的に余裕がなくなると、その隙間はすぐに塞がっていく。結果、経験以上の役割と責任が新人へ課せられ、短期間で即戦力に仕立て上げようと苛立つ先輩たちによって、現場には怒声や暴力的指導、パワハラが飛び交うことになる。

そもそも、そういった指導方法が本当に有効であるのかどうかも疑問ではあるが、百歩譲って仮に効果的であったとしても、すべきではない。なぜならそれは人権侵害であるからだ。人権が尊重されない場から人が逃げていくのは当然である。

私は美術部として働いていた助手時代にパワハラを受けてきたが、たまたま監督志望であったため、そういった現場から逃げ、自主映画を作る道を選ぶことができた。もし私が美術部志望であったのなら、意欲を挫（くじ）かれもう映画業界にはいなかったかもしれない。実際、度を超えた指導という名のパワハラやいびりに耐えられずに、この業界を去っていった者たちは少なからずいるのは第一章でも指摘したとおりだ。

作品ごとの離合集散スタイルは、ハラスメント防止対策の障壁でもある。一般企業においては継続性を持って行うことができるハラスメント防止講習や、ハラッサーへの行動改善プログラムなどを、人も責任者も作品ごとにバラバラで非連続的な撮影現場で行うことは難しい。

それに対する解決策のモデルケースとなるのは韓国で、韓国では日本よりも早く映画の現場におけるパワハラやセクハラ、性加害が社会問題化し、近年では撮影の現場ごとに実質、ハラスメント講習が映画法により義務付けられ、さらにそれにかかる費用も韓国の映画行政を統括する韓国映画振興委員会（KOFIC）が負担することになっている。それらの活動により、韓国映画界は劇的に健全さを獲得することとなった。

日本映画制作適正化？

日本でも変化の動きはある。2023年に映画業界の就業環境の改善を目的として「一般社団法人日本映画適正化機構」（映適）が発足した。

映適は、日本映画製作者連盟（映連）、協同組合日本映画製作者協会（日映協）、日本映像職能連合（映職連）の3つの業界団体の3者協定で成り立っている。この3者が連携をして撮影の環境改善に取り組んでいく流れはこれまでなかったことで、十分に画期的な出来事であるといえる。3者それぞれがどういった団体であるかは追って補足するが、映適の発足のきっかけとなったのは、経済産業省が行った映画制作現場実態調査だった。この調査によって、フリーランスの映画スタッフの労働実態についての種々の課題が明らかとなり、それを受け設置された「映画制作の未来のための検討会」によって、「映画制作現場の適正化に向けた方策を取りまとめた報告書」がまとめられ、映適の設立や撮影ルールの規約が方向性として示されることとなった。

こういった経緯を経て、2023年4月に映適がスタートした。

映適の公式サイトにはその目的として「映画産業における適正な取引を推進するとともに、映画制作現場の環境改善に取り組み、スタッフの生活と権利の保護及び地位向上を図ること」と掲げられている。具体的な2つの機能としては「日本映画制作適正化認定制度（以下認定制度）」と「スタッフセンター」がある。ここでは特に前者の認定制度について記していきたい。

なお、映適の成立に関する経緯と詳細、またそこにある可能性や問題点については、元助監督で現在は現場スタッフのマネジメントをされている近藤香南子さんのnoteに詳しく記されているので、興味があればぜひ目を通してほしい（https://note.com/eigatowomen/n/n83313a065de2）。

認定制度は、簡単に言うと映適の定めた撮影ガイドラインを守ることで「映適マーク」が作品に対して与えられるというものである。

その新たな撮影ガイドラインの一部を以下に紹介する。

【労働時間】

撮影は1日13時間（準備・撤収、休憩・食事を含む）以内とする。

準備と撤収にかかる時間は、みなし1時間＋1時間＝合計2時間とし、撮影時間はリハーサル開始から撮影終了まで11時間以内。

作業・撮影時間が13時間を超える場合には、10時間以上のインターバルを設けること。


【休日】

週に少なくとも1日は撮休日を確保する。それに加え、2週間に1日の完全休養日を確保する。


これを読んで、一般企業に勤める多くの方なら正直、「働き過ぎ」「ブラック」と思われるのではないだろうか。

実際、撮影1日13時間といったルールはアメリカやフランス、韓国などと比べても長く、準備と撤収にかかる時間がみなしで合計2時間と見積もられている点も問題である。

表現の現場調査団による「ハラスメント白書２０２１」には、映像業界を退職していった女性から以下のような声が寄せられている。

みなし残業の超過分が出ない事や精神論的風潮は業界内では良くある話なので相談相手の感覚も麻痺しており、転職以外の解決作は提案されなかった。（30代、女性、映像関係者）

準備と撤収に合計みなし2時間とあるが、美術の飾りやメイクの支度、照明の仕込みなど、準備にも撤収にも1時間以上かかることは珍しくない。このガイドラインに従うと、結局技術パートは撮影終了後に13時間を超えて残業をせざるをえなくなり、技術パートが現場に残っていれば、そこには制作部も残っている。

また、第一章でも触れた通り、撮休日は休みではない。ただカメラが回らないというだけで、ほとんどの部署はその日を次の撮影の準備に充てている。つまり、このガイドラインにおいて一般的な意味での「休日」は2週間に1日である。

こう書くと酷いガイドラインのようだが、これまでまったくの無法地帯で過酷な撮影に耐え続け、感覚の麻痺しているような私を含めた多くのスタッフや俳優にとっては、一応の基準ができただけだいぶマシに思えてしまうだろう。しかし、近藤香南子さんがｎｏｔｅで指摘するように、この新しいガイドラインの枠内でフルに働くと厚生労働省の定める過労死ラインを超えてしまうのだ。

労働組合の不在

このガイドラインを前にして、もうひとつあることに気づかないだろうか。

そう、最初に紹介した1946年の「東宝の新労働協約」と比較しても、ほとんど発展がないどころか、項目によっては後退さえしていることだ。たとえば撮影時間は1日8時間から13時間と延びている。インターバルについては8時間から10時間と2時間延びてはいるものの、かつての労働協約には具体的に定められていた時間外労働のギャラの割り増しについての決まりはない。産休や生理休暇についての記載がないのも、ただ単に社員に向けた労働規約かフリーランスへのそれかの違い以上の、多様な働き方への基本的な配慮の格差の表れであるように思える。

なぜ、この令和の時代に作られたガイドラインが80年前の労働規約よりも後退するようなことが起きるのだろうか。もちろん、昔は今より映画業界が豊かで余裕があったから、ともいえるだろうが、それだけではないはずだ。テレビの普及により映画産業が弱まったのは日本だけではない。にもかかわらず日本の映画業界の労働環境の劣悪さは、他の多くの国と比較しても突出している。

ここで、改めて映適の組織構成を振り返りたい。

映適は映連、日映協、映職連の3つの業界団体の3者協定で成り立っている。映連は東宝、松竹、東映、KADOKAWAの大手映画製作会社4社で構成され、日映協は主に制作プロダクションの団体である。「製作」は映画の企画を立てる大元で、「制作」はその企画を受けて行われる実際の撮影や編集などの作業全体をいう（読み方が同じなのでややこしい。映画関係者はよく「衣のつくほうのセイサク」などと言ったりして区別している）。そして映職連は、映画監督・撮影・照明・録音・美術・編集・スクリプター・シナリオ作家の8つの職掌の協同組合の集まりを指す。働き方としては、主に制作プロダクションによって彼らは雇用されることが多い。

つまり、映画製作の流れとしては「映連」→「日映協」→「映職連」といった下請け構造となっていて、そこに強い権力勾配があることは明らかである。実際、映適の理事長は映連の代表が務め、所在先も映連にあることからも推して知るべしである。

思い出してほしい。80年前の「東宝の新労働協約」がどのように成立したか。東宝争議という労働組合による戦後最大級の激しいデモやストライキを経て、ようやく勝ち得た労働者の権利がそれにあたるのだ。一方で、日映協も映職連も労働組合でさえない。

そういった緊張感や衝突もなく、穏やかにテーブルを挟んで話し合い得られたのが映適の「ガイドライン」であるのだと思えば納得がいく（実際の議論の場においては「穏やか」

ならぬ場面もあったようだが、もちろんそういう問題ではない）。13時間の撮影も準備撤収のみなし2時間も、正直それが精一杯であったのだろう。

実際、このガイドラインを定めた「映画制作の未来のための検討会」での話し合いの過程を見ると、端々で議論の末に映連の主張に寄り切られていく様子が窺える。とはいえ、80年前の東宝の役員が、今の映連の役員と比べてより労働者に対し理解があったのだとは私は思わない。利益と効率を手放せない営利企業の立場はいつだって大差はないはずだ。だからこそ、東宝争議も4次にわたるほどの泥沼となったのだろう。

映適の立ち上げには多くの苦労があったはずだ。今も運営に尽力する人々の業界を良くしていこうという思いを疑おうとは思わない。ただ、そこには構造の持つ権力勾配の中での限界がある。

労働組合に対し「労働三権」（団結権、団体交渉権、団体行動権）がなぜわざわざ憲法で保障されているのか。その答えがここにある気がする。労使交渉を経ず労働三権を行使もせずに試みられる映適の改革は、ぜひ成功してほしいと願いつつ、自分にはまるで壮大な（もしかしたら無謀な）社会実験のように思えてならない。

映適の定めた1日の撮影時間の上限は他国と比べて長いと書いたが、では実際に諸外国ではどうなっているのだろうか。フランスの映画の現場だと、撮影時間は1日8時間、アメリカは10時間だ。規定を超える労働については残業代が出る。韓国は最近、標準勤労契約書で週に55時間と定められた。撮影状況によってそれ以上働かざるをえない場合もあるが、その場合は残業代を発生させなければならない。日本の撮影現場に残業代などという概念は自身の現場を省みても、皆無だ。

アメリカも韓国もフランスも、原則として週休2日制である。フランスの場合、ロケ場所や俳優の都合でどうしても休日に撮影しなくてはならない時には、必ず申請をしなければならない。また、2週連続での週6日労働は認められていない。

要は、標準的な一般企業と同程度の水準である。映画業界だから過重労働が許されるという特例はないのだ。

プロデューサーは規定の時間を超えるとスタッフに高額な残業代を支払わねばならなくなるため、それを避けようと必死に時間内に撮影を収めようとする。日本映画の撮影現場では、撮影日数を短くするために1日24時間をフルに使って撮影をしようとする悪弊があるが、もしそこに残業代が発生することが当たり前になれば、長時間撮影は劇的に減少することは間違いないだろう。

結局、労働問題を解決するためには制作費の上昇は免れず、映適が改革に大なたを振るえない原因もそこにある。この制作予算の問題については、次節で詳述したい。

海外の映画関係者と話していると、日本と海外の意識の差は金銭の問題だけではないようにも思える。

日本のスタッフもさすがに、良い映画を作るためだからといって犯罪に手を出してはならないことは知っている（はずだ）。しかし、海外のスタッフと話していると、それと同じレベルで「良い映画を作るために、スタッフの睡眠時間を奪ってはいけない。スタッフの休みを奪ってはいけない。スタッフが家族と過ごす時間を奪ってはいけない」と考えていることがひしひしと伝わってくる。

一方で、海外の映画関係者が「日本はなんて映画が撮りやすい国なんだ！」と嬉しそうに話すのを聞いたことがある。日本人のスタッフや俳優が、驚くほど低賃金で長時間働いてくれるからだ。なんとも言えない複雑な気持ちになる。

貧困労働によって作られる映画が――自分の映画も含めて――日本映画の多様性を支えてきた、ともいえる。ただ、それを本当の意味での多様性と言ってしまっていいのだろうか。

フリーランスであることの弱さ

ここまで、かつては安定雇用されていた映画のスタッフや俳優が、不安定なフリーランスへと雇用が変化していった経緯について書いてきた。

フリーランスである以上、仕事の範囲や拘束時間、ギャランティなどを定めた契約書を、実稼働が始まる前に交わすのが商慣習として当然であるはずだが、経済産業省「映画産業の制作現場に関するアンケート調査（クリエイター票）調査結果」によると、64・5%が発注書・契約書を交わしていない。つまり、日本ではいまだに無契約や口頭契約の慣行が常態化している。私自身は映画監督という、契約書を製作会社と取り交わすことが比較的多い立場で働いているが、それでも監督契約の締結が映画撮影終了後までずれ込んでしまったこともあり、やはり契約書に対する意識はこれまで私自身も低かったと言わざるをえない。

「映画産業の制作現場に関するアンケート調査（企業票）調査結果」の企業編によると、「発注書を交付・受領しない理由」という質問に対し、発注書を受領する企業、つまり仕事を受ける側の87%が「発注者が発行してくれないから」と答える一方で、発注書を交付していない企業のうち80%が、「書面がなくても取引に支障がない」ことをその理由として挙げている。この意識のズレは興味深く、発注者側がそもそも書面を取り交わすことを望んでいないケースが多いことが窺える。

なぜなのか。答えは明白で、そのほうが発注者側にとっては都合の良いケースが多々あるからだ。「映画産業の制作現場に関するアンケート調査（企業票）調査結果」より「受注者となる取引で、過度な負担となっている取引慣行」の回答結果を見てみると、「放送・DVD化等に伴う利益が制作会社に還元されにくい」「予定より作業開始時期が遅れたが取引条件は変わらなかった」「追加作業についての追加費用が認められなかった」などが挙がっている。

これらの例は、受注者側の立場の弱さをよく示しているが、契約書などの書面はこういったトラブルを回避するためのものでもあり、実際同アンケート結果のクリエイター票では、発注書・契約書を「もらっていない」人のうち、「もらいたい」人は77・3％にのぼっていることを見ると、必ずしも受注者と発注者、相互の合意で無契約となっているわけではないことは明らかである。

往々にして受注者側の利益は発注者側の不利益になることから、こういった商取引に関する取り決めは曖昧にしておいたほうが発注者側にとって好都合であるケースが多い。結果、強い立場にある彼らはそれを「商慣習」という形で固定化していく（もちろん、本来であれば発注者側にとっても、書面上の取り決めは正しい商品やサービスの提供を受けるためにも大切である）。

また、ただ契約書を交わせばよいというわけではもちろんない。発注者と受注者、それぞれの思惑が拮抗する契約書において、弱い立場にある受注者側にとって不当に不利な内容にならないよう注意が必要である。

日本においても少しずつだが変化の兆しはある。2022年に文化庁より「文化芸術分野の適正な契約関係構築に向けたガイドライン」が発出された。そこには契約書の雛形なども掲載され、発注者に対してハラスメント防止等への配慮や安全衛生管理者の設置が記載されるなど、踏み込んだ内容となっている。また、前述の2023年に創設された「日本映画制作適正化機構」においても契約書のサンプルが公表されている。

なお、現場の健全化が進んでいる韓国において、「標準勤労契約書」が導入されたのは2011年で、12年には義務付けられている。日本は韓国と比べちょうど一回り遅れているといえる。その韓国においても、当初は標準勤労契約書を交わす座組は少なかったことが2013年に報じられている（https://jp.yna.co.kr/view/AJP20131029001500882）。

しかし、ここにきて日本でも大きな変化が起きている。2024年秋にはフリーランス保護のための「フリーランス新法（特定受託事業者に係る取引の適正化等に関する法律〔フリーランス・事業者間取引適正化等法〕）」が施行される。そこでは発注者側にハラスメント対策や出産・育児・介護への配慮など、いくつかの義務が課され、その中には取引条件の明示義務もある。つまり、業務内容や報酬の額、支払日などを書面またはメールで明示しなくてはならなくなる。

この法律は映画業界に限らず、あらゆる業種で働くフリーランスが対象となっている。労働環境改善に向けて、この新法には期待をしたい。

〝自称〟助監督?

以下は少々余談になるが、本節の結びとして書き留めておきたい。

十数年前のこと、新聞の片隅に、ある記事を見つけた。居眠り運転の車が歩行者をはねてしまったという事故で、痛ましくも決して珍しくはない内容であったが、目を引いたのは容疑者の肩書きが「自称助監督」となっていたからだった。なぜ〝自称〟となったのか経緯は不明なものの、撮影に疲弊した助監督が居眠り運転をしてしまう状況はいかにもありそうなことだった。一方で、たしかにその助監督が自分を助監督だと証明する術(すべ)は限られていて容易ではないな、と新聞を前に妙に腑に落ちてしまったものだが、後になって「自称」に〝させられた〟可能性に思い至ってゾッとした。

これらはすべて憶測でしかないが、その運転手が本当にテレビドラマや映画の現場で働く助監督だったとすると、当然、警察は制作会社はどこか、誰に雇用されているのかと確認するだろう。その場で映画会社へ連絡がいったかもしれない。しかし、もし作品名と一緒に事故が報道されてしまうと、ドラマであれ映画であれ、製作がストップしてしまう可能性は十分にある。そうなれば会社にとって大きな損失だ。結果、「そんな人知らない、うちにはいない」と制作会社から切り捨てられ、「自称助監督」ができあがったのではないか。

繰り返すが、あくまで私の空想でしかない。しかしついそういった空想を許してしまうほど、フリーランスのスタッフの使い捨てのような立場の弱さを、これまで散々見聞きし、実感もしてきた。もし、その助監督が契約書を交わしていれば自らの立場を証明できたかもしれない。事故後の賠償責任を制作会社が負うことになったかもしれない。過労による居眠り運転であったのならなおさらである。

第二節　日本映画の製作費

なぜ映画はそんなに金がかかるのか

第一章でも触れたが、音楽や絵画、文学、漫画といった表現分野と映画の相違点をひとつ挙げるとすれば、費用の多寡を私なら挙げる。

映画作りにはお金がかかる。

あくまで私の肌感覚だが、いわゆる小・中規模の50〜100館で公開される商業作品だと、製作費はだいたい7000万〜1億5000万円前後のものが多い。もう少し余裕が出てくると2億円から3億円。業界トップの大手映画会社、たとえば東宝の大作ともなれば、5億円、10億円、超大作で20億円といったところだろう。2016年のヒット作『シン・ゴジラ』は特撮大作ながら製作費は10億円程度に抑えたと聞くが、かなり頑張って節約されている印象である。

比べるのも野暮だが、ハリウッドでは製作費20〜30億円でも「中の下」。大作ともなれば製作費100億円を超える。

一般論として、製作予算の中で最も多くの割合を占めるのは人件費である。だからこそ、先述したようにスタッフの人数を減らし撮影日数を減らせば、予算を圧縮できる。ただ、それにも限度がある。

たとえば、撮影部はカメラマンの他に数人の助手がつくことが一般的である。助手はそれぞれ役割を分担していて、チーフは露出やカメラマンの補佐、セカンドはフォーカス、サードは機材の管理が主な仕事となっている。予算が少ない場合にカメラマンがチーフの業務を兼ねることはあるが、セカンドの担うフォーカスを同時に兼ねることは難しい。フォーカスは熟練の技術スタッフによる専門的な作業であり、静かな人間ドラマであっても繊細なフォーカスの調整は求められてくる。物語が地味だからカメラマンもひとりでいいとはならないのだ。

中国の映画監督ビー・ガンの『ロングデイズ・ジャーニー　この夜の涯てへ』（2018）という作品がある。約1時間にわたるワンカット撮影（カメラを止めずに撮る）のシーンが圧巻な秀作で、分類するならいわゆるアート映画であるが、製作費は6億4000万円もかかっている。

どこに予算をかけたのかは、予算書を見たわけではないので正確には分からないが、作品を見ると十分に頷ける。この重厚なワンシーン・ワンカット撮影を成り立たせるためには、大規模撮影を可能とするロケーションの手配画面に映る多数の俳優、エキストラを確保したうえでの時間をかけた入念なリハーサルが必要である。さらにこのシーンはすべて夜の設定であることから、撮影場所のすべてに照明を張り巡らさなくてはならない。これが、一般的な撮影であればたとえば3つのシーンを撮影するにしても1シーンごとに照明を組み直し同じ機材を使えばいいが、ワンシーン・ワンカットではそうはいかず、大規模な照明機材と人手が必要となる。

またその美麗な映像はグレーディング（撮影後の色調整）にも相当時間をかけているであろうと想像ができ、そのためのスタジオ費や人件費も加算されてくる。そういったひとつひとつの経費が積み重なって、あっという間に製作予算は億を超えていく。映像自体は爆発もアクションもない、一見地味なように見えたとしても、その質を担保するためのコストはバカにならないのである。

『ロゼッタ』（1999）、『息子のまなざし』（2002）などで知られるベルギーのダルデンヌ兄弟の監督作品は自然主義的な作風で知られ、こちらも一見して派手さのないストイックな作風だが、数億円の製作費がかかっている。その理由のひとつが準備期間の長さで、彼らの映画はリハーサルに数ヵ月の時間をかけている（日本映画ではまずありえない）。

つまり、そこにはリハーサル期間に応じた人件費が発生する。ハンディカムで俳優を追っかけドキュメンタリータッチに撮れば、誰でもダルデンヌ風の画面が作れる……なんてことはなく、往々にして自然主義的な作品ほど自然主義を自然に見せるために大変な手間暇と予算をかけていることを忘れてはならない。

韓国のポン・ジュノ監督にアカデミー作品賞をもたらした『パラサイト　半地下の家族』（２０１９）は貧富の両極にいる2つの家族が織りなすシニカルな悲喜劇だ。大掛かりなアクションシーンやＶＦＸが多用されているわけではないが、製作費は『シン・ゴジラ』と同等の10億円がかけられている。

作品を見れば納得であるが、主人公一家の住む半地下の家がある路地が全部セットで作られていて、物語中盤にある土砂降りからの浸水シーンは圧巻の迫力で作品の重要な見せ場となっている。もしかしたら、監督のイメージに近い場所は現実にも探せばあったのかもしれないが、大雨と浸水のシチュエーションを完璧に映像化するには、一から設（しつら）えるしかなかったのだろう。降雨機で雨や水を大量に降らせるのも意外と予算がかさむが、いずれも、作品の質を確保するために必要なコストである。

さらに同作の場合、先述の韓国の標準勤労契約書を遵守して作られたことも話題になった。要は、スタッフの労働時間（1週間で55時間が上限）をしっかり守っているのだ。結果、低予算な日本映画のように「2〜3週間で撮りきる」ようなことはできず、撮影に数ヵ月を要することになる。

小規模な撮影隊の映画であっても「撮影が1日増えると制作費にプラス300万円」とはよくいわれる。労働環境を安全に保とうとすれば撮影期間は延びざるをえず、相応に制作費も必要になってくる。安全はタダではない。

表現内容が市場原理の影響を受けやすい芸術

映画は金がかかる。それは、失敗すればときに会社ひとつを傾け、人ひとりの人生を破滅させかねない金額である（実際にそういう例は山のようにある）。だから、プロデューサーや出資者は少しでも経済リスクを下げる方法を考える。漫画や小説などの人気のある原作を探し、俳優にはお茶の間でも知られる人気者を据え、実績のある監督やスタッフを雇い、共感しやすくわかりやすい脚本を求めていく。ひとりでも多くの人に見てもらえるように。

こうした経済的なリスクを下げるための選択ひとつひとつが、創作の現場から表現の自由を少しずつ削り取っていく。他の表現分野でも大なり小なりその傾向はあれど、映画はその経済リスクの高さゆえに「市場原理の影響を特に受けやすい」宿命を背負っている。

良い悪いではなく、そういうものなのだから仕方がない。

とはいえ、じゃあ仕方がないね、と市場原理に委ねてばかりいては表現の多様さは痩せ衰えてゆく一方である。表現の多様性とはつまり「人間の多様性」であると前章で書いたが、さらに言い換えれば「商業性の高い表現と商業性の低い表現が共存できる社会」でもある。娯楽映画も芸術映画もどちらか一方だけではダメなのだ（そもそも両者の境目は曖昧である）。多様性は放っておいても勝手に育つものではなく、気を抜けばあっという間に様々なバイアスによって社会から失われていく。新自由主義経済の真っ只中にある日本でこそ、この原則はしつこいぐらい意識し続けないとならない。

映画祭とは何か

市場原理とのせめぎ合いから表現の多様性を守るための砦のひとつに、映画祭がある。

皆さんは映画祭と聞くと、どういったイメージを抱くだろうか。

多くの人が、カメラのフラッシュを浴びながらレッドカーペットを歩く華やかな映画スターの姿を思い浮かべるのではないかと思う。

しかし、それは氷山の一角に過ぎず、むしろ映画祭の本質はもっと地味な、マーケットとしての役割にある。たとえるなら、魚市場である。

魚市場には獲れたての新鮮な魚が並び、各地から魚屋や寿司屋、洋食屋や和食屋など様々な店が自分たちに合った魚を求めて訪れる。映画祭も同じで、作られたばかりの封切り前の映画がそこに並べられ、世界中からプロデューサーや映画会社、配給会社などが自分たちに合った映画を探しに集まるのである。多くの映画祭が一般向けの上映の他に業界関係者向けの試写を準備しているのもそのためだ。また、完成した映画だけではなく、これから作られる企画や脚本のマーケットも多くの映画祭が備えている。

映画祭自体は世界各国に大小各種4000以上あるといわれているが、その中でも特に有名なのはカンヌ、ヴェネツィア、ベルリンで毎年開催されるいわゆる三大映画祭である。これらの映画祭は古い歴史を持ち、前述の映画の見本市としての役割をそれぞれが果たしている。

では、そもそもなぜ映画祭は映画ファンのみならず業界内でも求められてきたのか。端的に言えば、映画祭はハリウッドに対するカウンターであったからだといえるだろう。

ハリウッド映画の勢いは圧倒的である。世界歴代映画興行収入のベストテンはジェームズ・キャメロン監督の『アバター』（2009）に始まり、すべてアメリカ映画である。そしてそれは今に始まったことではない。戦争によりヨーロッパでの映画製作が落ち込んだ第一次大戦後、アメリカ映画は急速に世界的にシェアを伸ばしていった。1928年、フランスの映画史家レオン・ムーシナックは当時の状況を「アメリカは世界の陸地の六パーセントを所有している。人口は七パーセントである。小麦の生産は二七パーセントである。石炭は四〇パーセント、電話の使用は六三パーセント、玉蜀黍、七五パーセント、自動車、八〇パーセント。そして、映画の生産額は世界の八五パーセントをこえている。」と言い表している（岩崎昶『世界映画史』）。

しかも、ハリウッドが「黄金期」と呼ばれるのはさらにその後、1930年代に入ってからである。その頃のハリウッドはスタジオシステム全盛の時代で、ヨーロッパからも優れた監督を招聘し、また政治的な亡命という形でアメリカに拠点を移した監督たちも多くいた。当時、アメリカは才能の坩堝だったのだ。

1939年に公開された『風と共に去りぬ』は、世界観客動員数において歴代最多の20億人（！）を記録したといわれる。カンヌ国際映画祭が始まったのは、そんなハリウッド黄金期の1946年であった。

カンヌをはじめとしたヨーロッパの映画祭の果たした重要な役割のひとつは、世界を席巻していたハリウッド映画とは異なる、オルタナティブな価値観を発信することであった。

戦後すぐの1946年に開催された第1回カンヌ国際映画祭は今と異なり、11本の映画に優秀作品としてグランプリが授与されている。受賞作の生産国を見ると、イギリス、イタリア、インド、スイス、スウェーデン、ソ連、チェコスロバキア、デンマーク、フランス、メキシコ、そしてアメリカと、各国バリエーションに富んでいて、その選択にはすでに、ハリウッド・エンタテインメントが映画のすべてではない、という確固たる矜持がシンプルに窺える。

オルタナティブな価値を秘めた映画に映画祭は審査員の評価を通じて品質保証を行い付加価値を与え、それぞれの作品に見合ったサイズの「市場」へと送り出していく。これは、多くの映画祭が担う重要な役割である。「市場原理の影響を受けやすい宿命」を背負う映画表現は、そうでもしなければあっという間に商業主義へと偏ってしまうからだ。

興行成績は映画の価値を測る大切な基準のひとつであることは間違いないが、同時に文化芸術の価値とは「市場の評価のみでは測りきれない」ものでもあるからこそ、集客という圧倒的な強い物差しの他にも、価値を発見し発信する仕組みが必要だったのだ。

なお、カンヌの最高賞パルムドールの受賞の歴史を眺めていると、決してアメリカ映画を排除はしていない。実は最多受賞国はフランスでもイタリアでもなく、アメリカである。これまでに17本のアメリカ映画が最高賞を受賞していて、逆に「どんなアメリカ映画をカンヌは評価してきたか」を見ることで、その評価軸を推し量ることができる。以下に受賞したアメリカ映画を羅列する。

ロバート・アルトマン『M★A★S★H』、フランシス・フォード・コッポラ『カンバセーション…盗聴…』、マーティン・スコセッシ『タクシードライバー』、デビッド・リンチ『ワイルド・アット・ハート』、スティーブン・ソダーバーグ『セックスと嘘とビデオテープ』など、いずれも商業主義一辺倒ではない強い作家性を持つ監督たちである。この並びがすでにカンヌの姿勢を鮮明にしているといえるだろう。

一方で、ヨーロッパの三大映画祭も長い歴史を経て、カウンターであったはずの映画祭それ自体が強い権威となっていったことの弊害もある。当然、映画祭からは零れ落ちる優れた才能もあるだろう。また、いつまでもヨーロッパの映画祭が価値を創出してばかりいるのも問題で、「欧米に見出されるアジアの才能」という枠組みを脱し、アジアのネットワークから世界に向けて新たな価値観を発信できるようにならないことには、真の多様性は訪れないだろう。

資金のパッチワーク

映画祭には企画開発段階におけるマーケット機能がある。私自身も2010年にパリの映画祭のマーケットに参加してから、これまでにそのときどきの作品プロデューサーと共に10回は参加してきた。目的は、自分の作りたい映画を作るための十分な資金を集めるためである。

大事なことなのでここでまた繰り返すが、映画は製作に大資本を要する経済リスクの高い表現である。製作資金をどう集めるか、その采配はプロデューサーの重要な仕事である。

映画のお金の集め方は、大きく分けて以下の3種類となる。

①出資・融資
②公的支援
③寄付・協賛

①の「出資・融資を募る」は最もスタンダードな方法で、文字通り映画会社など民間企業から出資を集めたり、あるいは金融機関に融資を求める方法だ。かつての撮影スタジオシステム全盛期においては、映画は基本的に一社の単独出資で作られていたが、現在は単独出資で作られる作品は少なく、経済的なリスクを分散するために、複数の会社で出資を出しあう製作委員会システムを採用している作品が多い。
②は政府や公的機関、地方自治体、映画祭などからの補助金や助成金で、③は企業や個人からの寄付や協賛である。

この3種のパッチワークによって、すべての映画は成り立っている。例えば商業性・娯楽性の高いジャンル映画の場合、①の比率が高くなりやすい。出資を集めて興行し出資者に利益を分配するシンプルなビジネスモデルだ。一方で、商業性の低いアート映画や実績の少ない若手監督の作品の場合などは、ビジネスとしての出資を集めるハードルが高く、②や③により多い比率でアプローチしていくことになる。

もちろん、これらはすべてケースバイケースで、映画の傾向に合わせてどのようなパッチワークを見つけていくかはプロデューサーの手腕である。例えば娯楽映画にまったく公的支援が入っていないかというとそうでもなく、地域の助成金や税免除を受けているケースもあるし、逆にアート映画だからと全額を助成金で作れるわけでもない。パッチワークのバランスは作品ごとに無限にある。

つまり、**多様な映画を作るためには、多様なお金の集め方が必要となる。**作りたいものを作るために予算をどう組み立てるか、すでにその段階から創造的な作業が始まっているといえる。

しかし、日本においてそのパッチワークは十分に実践できてきたのであろうか。2000年以降、極端な低予算映画が作られ続けてきた状況が、決してそうではなかったことを暗に物語っている。日本映画の、年間600本に及ぶ多量な制作本数は、俳優やスタッフ、あるいはそれらを上映するミニシアタースタッフの貧困労働に甘える形で成立しているに過ぎない。

自戒を込めて、そういった低予算映画のプロデューサーたちが資金集めにどこまで奔走してきたかは十分に問われないといけないが、そもそも日本に「多様な映画を作るための多様なお金の集め方」を実践できる環境はあったのだろうか。プロデューサー個人の責任だけには問えない構造的な問題があったのだとすれば、まずはそこから考えていかないといけない。

各国の状況と比較しながら確認していきたい。

文化予算の各国比較

まずは②の公的支援について、次ページの表を見てほしい。

これは、2020年における各国の文化支出額を比較した表になる。

並べると各国の支出額に大きな開きがあることがわかる。文化支出額が最大なのはフランスで4620億円、次いで韓国の3438億円である。この表にある6カ国で言えば日本は最も少ない1166億円となっている。フランスの約4分の1、韓国の約3分の1である。ただし、注意しなくてはならないのは、そもそも前提となる政府予算の規模が各国

国	組織	政府の文化支出額		政府予算		政府予算に占める文化支出額の比率	国の人口		国民1人あたりの文化支出額	
日本	文化庁	1,166	億円	1,026,580	億円	0.11%	12,648	万人	922	円
イギリス	デジタル・文化・メディア・スポーツ庁	13.68	億£	9,277	億£	0.15%	6,789	万人	20.1	£
		1,907	億円	1,293,678	億円				2,810	円
アメリカ	連邦政府の関わる文化関連機関	17.42	億$	47,897	億$	0.04%	33,100	万人	5.3	$
		1,803	億円	4,957,866	億円				545	円
フランス	文化省	36.58	億€	3,992	億€	0.92%	6,527	万人	56.0	€
		4,620	億円	504,230	億円				7,079	円
韓国	文化体育観光部／文化財庁	3,665	十億ウォン	296,000	十億ウォン	1.24%	5,127	万人	71,484	ウォン
		3,438	億円	277,648	億円				6,705	円

資料：文化庁　令和２年度「文化行政調査研究」
※2020年の値で比較
※日本に関しては文化庁予算と観光庁に一括計上されている国際観光旅客税財源を充当する事業予算を合算。イギリス、韓国に関しては当該組織のうち、文化支出と考えられる費目を選択して合算。アメリカは全米芸術基金（NEA）スミソニアン機構、博物館・図書館サービス機構（IMLS）、ナショナルギャラリー、ケネディ・センター、国立公園局（総予算の該当部のみ）の６組織の予算を合算。

で異なる点だ。政府予算額のうち文化支出額が占める比率を見ると、よりその国家における文化の立ち位置が見えてくる。

それならば日本の順位も上がるかも？　と期待したいところだが、残念ながらそんなことはなく、フランス0・92%、韓国1・24%に対し日本は0・11%と、その差はさらに広がってしまう。残念ながらフランスの約9分の1、韓国の約10分の1しか文化を大切にしていない国ということになるのだ。なお、アメリカは0・04%のため、日本よりさらに下回っているが、アメリカの場合は文化支出額が少ない一方で寄付文化が浸透している。これについては、のちほど詳述する。

補足すると、日本の1166億円はあくまで文化庁支出額と一部観光庁の支出額である。文化庁は文部科学省の下部組織なので、たとえば経済産業省の支出額はここに入っていない。それを含めるともう少し増えるはずだが、フランスや韓国の規模に並ぶものではない。

何より、経済産業省の支出額はいわゆる「文化予算」とは性質が異なるものである。経済産業省の公式サイトには2024年現在、省の担うミッションとして「経済的豊かさ・経済力の獲得」「国富の拡大」が明確に掲げられている。これは経済産業省の方針としてまったく異論はなく、文化を支援することが結果として「国富」につながり「経済的豊かさ・経済力の獲得」に結びつく可能性は大いにある。近年の韓国カルチャーの国際的な躍進を見れば、経済産業省が文化を支援すること自体は理にかなっていると頷けるが、しかしそれは文化支援を行う意義のごく一面に過ぎない。なぜなら文化支援は、ときに市場原理においては駆逐されてしまわれかねない表現を、売れるか売れないかとは別の物差しで評価し後押しすることが必要だからである。それは経済産業省の掲げるミッションとは根本において異なっている。

24カ国を対象とした個人による寄付の比較（対GDP比）　（2016年２月）

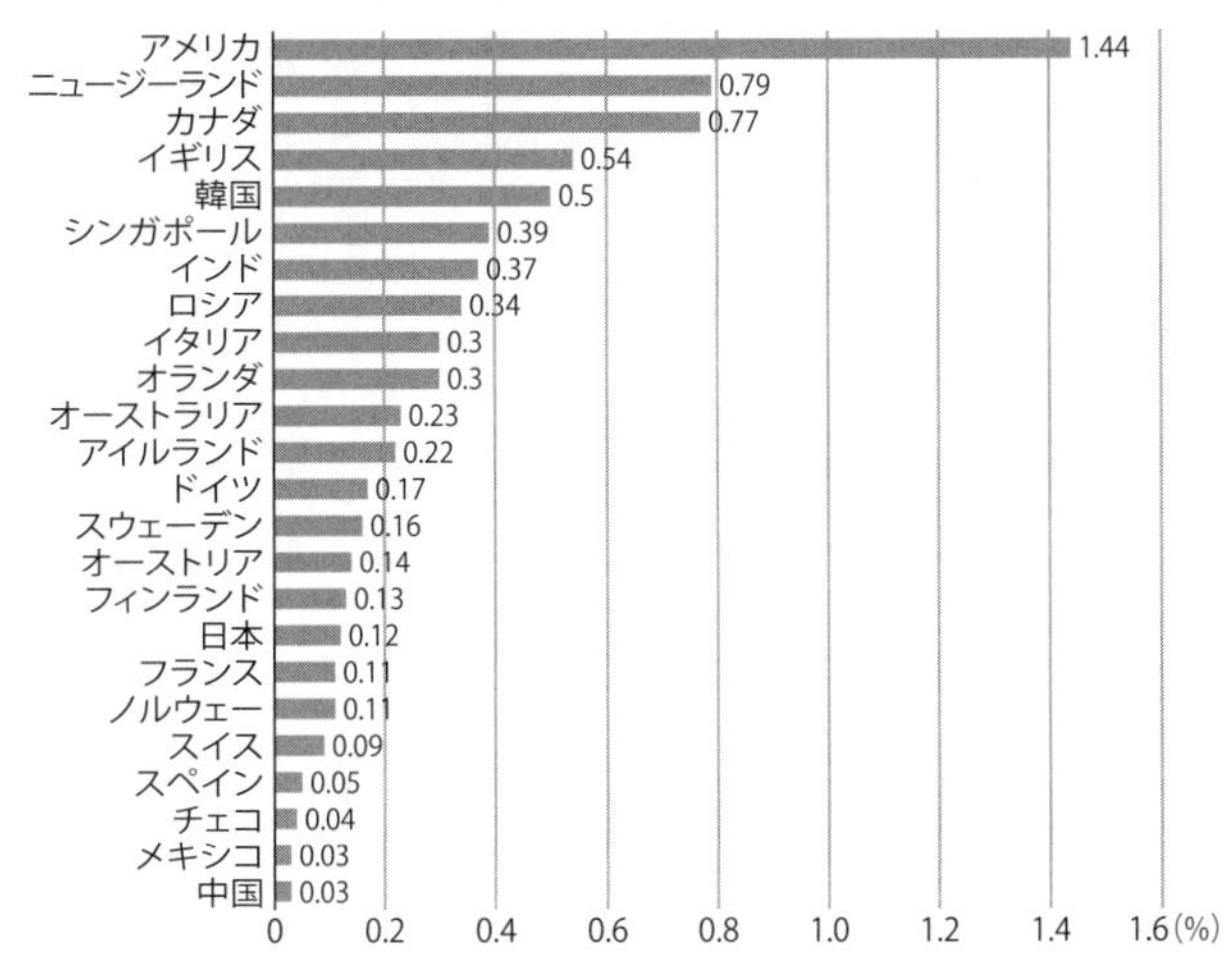

資料：GROSS DOMESTIC PHILANTHROPY COMPARING CHARITABLE CONTRIBUTIONS AS A PROPORTION OF GDP CHALLENGES ASSUMPTIONS

寄付文化の各国比較

先ほどの表で政府予算に占める文化支出額の比率を見ると、アメリカは０・０４％で日本より低く、イギリスも０・１５％と決して高くない。

一方で、アメリカやイギリスはパッチワークの③「民間からの寄付・協賛」が充実している。上の表は24カ国を対象とした個人による寄付金額をＧＤＰ比の高い順に並べたものだが、アメリカが突出してトップである。

つまりアメリカは、政府の文化予算は少ないが、そのかわりに寄付がとても多い。イギリスも比較的多い部類に入る。日本はここでも下位に沈んでいる。

アメリカで寄付文化が浸透している理由として「富める者が貧しい者に与える」ことを是とするキリスト教の理念が社会に根付いていること、そしてそういった精神性を後押しする寄付税制が整っていること、この2点がよく挙げられる（ただしそれであれば同じキリスト教圏にあるフランスなどヨーロッパ諸国の寄付額も上位に位置してよさそうなものだがそうはなっていないので、理由はもっと複雑なのだろう）。寄付税制とはつまり税額控除で、特定の業種に対して寄付をすることで、寄与した金額の最大50％程度が自分の税金から控除される。

さらに、もうひとつ理由を付け加えれば、貧富の極端な格差である。アメリカに住むいわゆる超富裕層は1万人以上を数え、これは全世界の32・4％に当たる。そういった富裕層、超富裕層が「政府に税金として取られるぐらいであれば、自分の支持する団体、好きな分野に寄付したい」と考えたとき、受け皿として税金を納める先を任意選択できるシステムが整備されているのだ。

日本の公的助成の問題点

こうして見ていくと、各国それぞれ特色があり、フランスは②の公的支援が充実している反面、寄付文化は乏しく、一方でアメリカは③の寄付文化が強く②の公的支援は極端に少ない。

では日本は？　すでにお気づきだと思うが、公的支援は乏しく寄付も集まりづらいのが日本である。

もちろん、日本にも映画のための公的支援は存在していて、私の作品においてもこれまで幾度もお世話になってきた。

文化庁の助成金のうち代表的なものから2つ挙げると、ひとつは独立行政法人日本芸術文化振興会（芸文振）を通じて交付する文化芸術振興費補助金・日本映画製作支援事業で、これは例年20本ほどの劇映画、アニメーション、ドキュメンタリーなどに交付されている。もうひとつが、同じく文化庁による国際共同製作映画支援事業だ。こちらは国際共同製作作品に特化した助成金で、昨年は5つの作品が採択されている。支援を受けられる作品数は限られてはいるものの有意義な制度であることは間違いない。しかし問題点はやはりある。今後の改善を願って、3点に絞ってこの場を借りて指摘しておきたい。

ひとつ目は支援の対象となる期間が短過ぎる点だ。

例えば今年度２０２４年の国際共同製作映画支援事業の募集案内を見ると、「令和6年度事業は、令和6年4月1日から令和7年3月31日までに完成する作品が対象」とある。つまり単年度支援のみなのである。

これの何が問題であるか。

まず「国際共同製作」について説明すると、文字通り、2カ国以上の国から製作資金を集めて行う映画製作のことで、それにより多額の製作資金を集めやすくなること、また国を跨いだ題材を扱ったり他国のスタッフや俳優との協働をクリエイティブに活かすことが可能になるなどのメリットがある。資金集めのパッチワークとしてはとても重要な一枚で、ヨーロッパの作家性の強い映画を見てみると、ひとつの国のみで資金を集めている作品を探すほうが困難なほど、合作は当たり前のことになっている。私の近作もほとんどが海外との合作である。

一方で映画製作は普通に作っても準備から完成までに数年単位で時間を要するが、国際共同製作となるとなお他国との調整も必要となり、不測の事態も起きやすく、より多くの時間が必要となる。にもかかわらず、申請が通過してから1年以内に完成させなくてはならないのは助成条件としてはかなりハードルが高い。これだと、直近のタイミングで完成が見込めている作品しか助成を受けられず、実際、この国際共同製作助成への応募は劇映画・アニメーション合わせても例年10～20本しかなく、使い勝手の悪さから敬遠されていることが容易に察せられる。

なお国際共同製作とはまた別の、芸文振による日本映画製作支援事業では、映画関係者からの要望に応え数年前から2か年度助成の枠が増えている。それはとても良い改正であったと思うが、より準備・撮影期間を長く要しやすい国際共同製作の期限こそ一刻も早く延長されることが期待される。

問題点の2つ目は、支援が映画製作のフローを十分にカバーできていない点だ。映画製作はカメラの前で俳優が演じるだけでは完成しない。企画を立て取材をし、脚本を書いて推敲を重ね、資金を集め諸条件が揃ってからやっと撮影で、撮った映像をつなげ音を整え映画が完成したら今度は配給会社が映画館に映画を届け、それをスクリーンでお客さんが鑑賞し、やっと映画作りの長い旅はひとまず「完」となる。

しかし、文化庁の助成金はその長い旅路のうち、撮影や編集といったごく一部分しかフォローできていない。映画館や配給への助成や、最も不確定でリスクが高くしかし作品のクオリティの土台となる企画・脚本開発への助成が少ないことは、以前から批判が多かった。

ただ実は、最近になってある変化が起きた。文化庁の補助金の補助対象経費に、以前はなかった製作企画費として、脚本料やシナリオハンティング（脚本を書くための取材）費も含まれるようになったのだ。最初見つけたときには思わず喝采をあげた。文化庁の快挙と喜びたいところだったが、よくよくその詳細を読むと、残念ながらそうはならなかった。なぜなら、この補助対象経費に企画脚本費が入っていること自体、もはや制度のバグと思えるほど無意味であるからだ。

この国際共同製作助成に応募するためには、脚本を提出しなくてはならない。しかし、補助の対象となる経費は交付決定した年度内に支払いが完了する経費のみとなる。つまり、交付が決定する前の年の支出には使えない。この矛盾が伝わるだろうか。**応募のためにシナリオの提出を求めつつ、対象経費に企画脚本費とシナリオハンティングの費用を含め、さらに交付決定後の経費しか補助をしない**、とここには書かれているのだ。脚本が完成した後にシナリオハンティングは普通行わないし、もし内定後にシナリオハンティングを行い経費に計上するのなら、それは十中八九、不正である。

つまり、この補助金を脚本開発に使うことは現実的にほぼできない。脚本家に対して脚本が仕上がった後もギャラの支払いを待たせ続けるのであれば可能であるが、文化庁はそのような働かせ方を推奨しているのだろうか。なお、先述したフリーランス新法においては、報酬の支払い期日は納品があってから原則60日以内とされている。助成の応募締め切りが12月25日で、助成金の交付が決定したとしても、最速で支払いが開始できるのは翌年3月以降である。この時点でフリーランス新法の規定とも矛盾をした要求を文化庁は行っていることになる。

この不合理な助成条件の理屈をなんとか合わせようとするなら、助成金交付決定後にも脚本の改稿を継続することを前提としているとするしかないが、それもやはり無理がある。なぜならこの助成金は交付条件として年度内の完成試写が課せられているからだ。そこから制作日程を逆算すると、どんなに遅くとも秋には撮影を行わなくてはならず、やはり年度開始前には脚本が完成していなければおおよそ間に合わない。

なぜこのようなことになってしまったのかは不明であるが、既存の助成に無理矢理ねじ込むのではなく、企画・脚本開発への独立した助成制度を文化庁には検討していただきたい。

なお、経済産業省は２０２２年からコンテンツグローバル需要創出促進・基盤強化事業費補助金（Ｊ－ＬＯＤ）という、映画も含めた広く「コンテンツ」の海外展開促進を目的とした新たな支援を開始し、そこには企画・開発への支援も含まれている。こちらは規模よりも文化庁よりも大きく、撮影の前段階にあたるプリプロダクションと呼ばれる行程の重要さへの理解が、少しずつ広まってきていることを実感している。

3つ目の、かつ最大の問題点は補助金の交付が完成後である点だ。

これまで紹介してきた補助金のうち、芸文振の日本映画製作支援の2か年度助成のみは、1年目の終わりに助成の一部が交付されるが、日本の文化支援においてはこれはかなりイレギュラーで、成果物の納品後の後払いが基本である。

税金なのだから成果物の納品後であることは当然である、と思われる方も多いと思うが、海外での助成を見てみると必ずしもそうではない。例えばフランスの映画への助成金の場合を見てみよう。

フランスの映画振興を包括して行う国立映画映像センター（Centre National du Cinéma et de l'image animée、以下CNC）の「シナリオにより選定されるフランス語の映画への助成金」について、支払時期は以下のようになっている。

- 撮影1週目終了時に40％
- 撮影3週目終了時に40％
- 撮影終了時に15％
- ゼロ号（最初に完成した上映素材）と映画の会計報告書の提出後に5％

つまり、分割払いで撮影第1週目から交付が開始される。付け加えると、フランスは撮影前の段階で「自動助成」という仕組みによりプロデューサーの前作の興行実績に応じた額の助成金が出て、それを企画・脚本開発のために使うことができる。

それと比較し、日本のような企画開発費も含めて完全後払いであることの何が問題であるか。

完全後払いの場合、補助金相当の全額を製作会社が映画完成までの間、当然立て替えないといけない。文化庁の助成金の期限は前述したように年度末までと短く、たとえば俳優の病気やロケ場所の都合、天候の不順など不測の事態で完成が間に合わなかった場合は、助成金を得ることはできない。そういった多大なリスクを覚悟で数千万円の補助金を立て替えられる資本力のある製作会社でないと、そもそもにして利用できないシステムになっているのだ。

私の映画もこれまで何作かで文化庁の助成金を申請し採択され利用してきたが、それはたまたま私の映画の製作に大手映画会社やテレビ局が入っていて、補助金相当額を立て替えることができる資本力があったからだった。

本来、多様な表現を支えるための文化助成であれば、資本力の乏しい作品やインディペンデントのプロデューサーをこそ支援すべきはずが、結局は大手企業しか利用しづらい制度となっているのは、本末転倒である。

指摘はひとまず以上となるが、もし文化庁の国際共同製作助成で、もっと多くの国の映画プロデューサーの利用を増やしたいのであれば、

・完成までの期限を内定から2、3年以内まで認める。

・助成金を完成後の後払いではなく撮影の進行度に応じて交付する。

この2点を改善するだけで、利用者は自然と増えるはずだ。

忘れてはならないのは、国際共同製作の助成金は常に他国の支援制度との競争であるという点だ。海外のプロデューサーにとって、必ずしもパートナーは日本である必要はなく、台湾でも韓国でもいいのだ。使い勝手の悪い制度をただ棚に置いておくだけでは利用者はいつまで経っても増えはしない。

要は隔靴掻痒（かっかそうよう）なのだ。企画脚本費の件にしても助成金の期限の短さにしても、映画製作のリアルが十分に行政の制度設計に反映されていないため、一見それなりのメニューが揃った制度のようで、痒いところに手が届かない設計になってしまっている。

これは行政の側だけの責任ではなく、映画作りのリアルをきちんと伝えてこられなかった業界側の問題も大きい。映画・文化の専門家による統括団体が助成システムの構築を担うフランス（CNC）や韓国（KOFIC）のような仕組みが、制度設計に作り手のリアルを届けるという点において日本でも必要である。

最後に、やや専門的な内容となるので簡単に触れる程度にしておくが、日本の助成金制度と業界体質の大きな問題点として、助成金を申請したプロデューサーがそれを出資金にすることがほぼできないという点がある。

例えば資本力の乏しい中小の映画会社であっても、助成金を出資にして映画の権利を担えれば、そこから収益を得ることができるようになる。海外においてはインディペンデントなプロデューサーの持続的な活動を支える手段として当たり前のように行われていることで、本来であれば文化庁の映画への助成金の申請条件にそれがあってもいいぐらいだが、現状は難しくそうはなっていない。また、日本映画界の商慣習から大手の映画会社もそれを認めることはほとんどない。

海外のプロデューサーが日本の映画業界と組みづらい理由の一つである。

映画の市場は果たして健全か

以上のように、文化支援も寄付も少ない日本の映画界において「多様な映画を作るための多様な資金のパッチワーク」が行えるわけはなく、パッチワークをしたくともそもそも布の種類が足りていないのだ。

では、ないならないでしょうがない、とにかく面白い企画を練って出資を集め、良い作品を撮って稼げばいいじゃないか——と前向きに考えればいいのだ。では、パッチワークの最後の1枚、①の「民間からの出資」について考えてみたい。

次ページの図aはコロナ禍直前の2019年度の邦画興行収入の上位10作品だが、10作品のうち7作品が東宝配給で、残りの3本は東映配給である。

次に図bは、10年前の少し古いデータだが、配給会社別の邦画の興行収入推移を示したものだ。棒グラフの一番下が東宝で、その上が東映、その上の一番濃い帯が松竹となっている。残りがそれ以外の「中小配給会社」である。2011年は東宝だけでシェア50%を超えており、東宝・東映・松竹の3社で8割近くを占めている。

つまり、この3社以外の日本映画に残された市場は約2割である。助成金も寄付金も少ない日本映画界において映画の製作費は興行収入の見込みからしか逆算できない。しかし

図a　2019年度邦画興行収入　上位10作品

順位	公開月	作　品　名	興収（単位：億円）	配給会社
1	7月	天気の子	141.9	東宝
2	4月	名探偵コナン 紺青の拳（フィスト）	93.7	東宝
3	4月	キングダム	57.3	東宝／SPE
4	8月	劇場版「ONE PIECE STAMPEDE」	55.5	東映
5	3月	映画ドラえもん のび太の月面探査記	50.2	東宝
6	1月	マスカレード・ホテル	46.4	東宝
7	18/12月	ドラゴンボール超 ブロリー	40.0	東映
8	2月	翔んで埼玉	37.6	東映
9	9月	記憶にございません！	36.4	東宝
10	7月	ミュウツーの逆襲 EVOLUTION	29.8	東宝

資料：一般社団法人日本映画製作者連盟「2019年（令和元年）興行収入10億円以上番組」
※令和2年1月時点の数字

図b　配給会社別　邦画興行収入推移

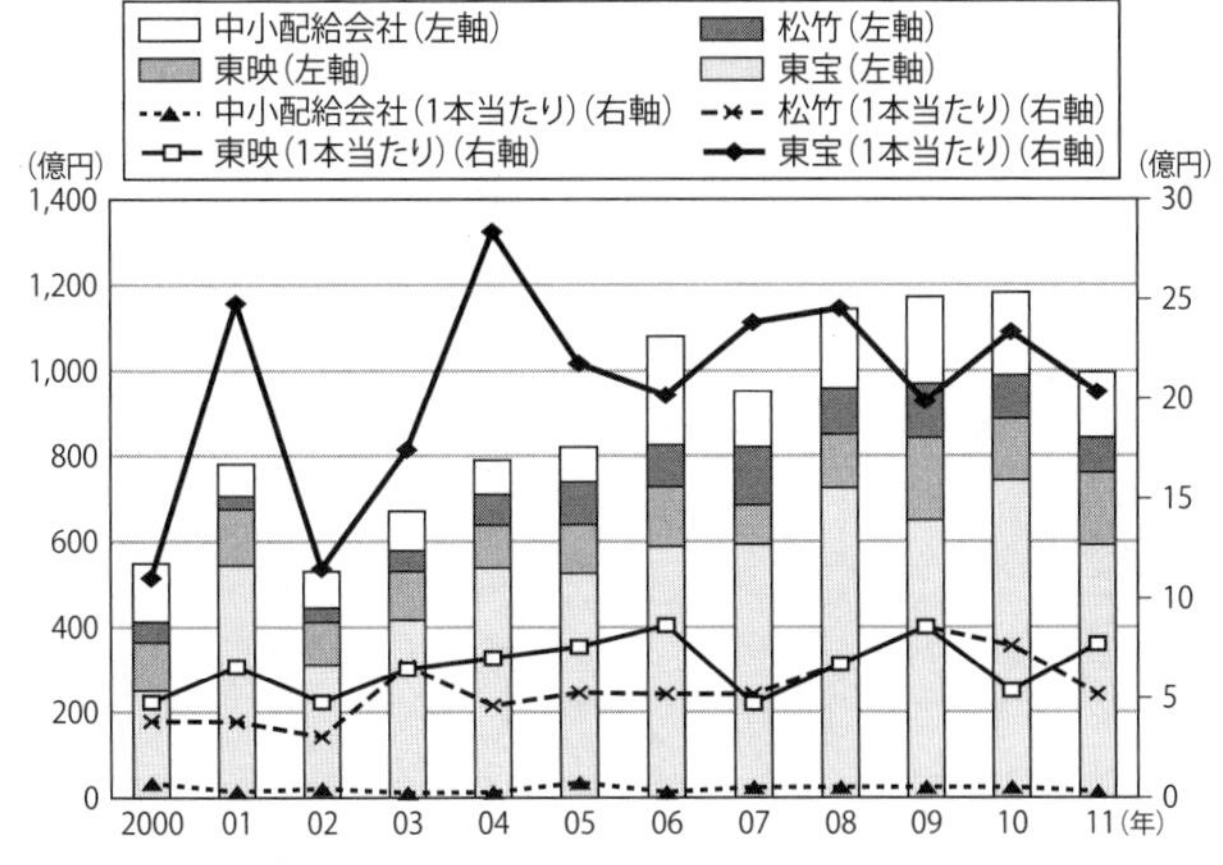

時事映画通信社「映画年鑑2014」を基に作成

上限値が市場の2割である以上、大半の映画の製作費が縮小していくのは至極当然のことで、製作費が下がれば現場に落ちる予算も減る。スタッフやキャストのギャラも下がり、製作日数も減り、現場の労働環境が悪化していく。第一章で確認した通りだ。

結果として3社が寡占する興行の状況をこの図は示しているが、ここで重要なのは、この3社とも製作・配給・興行を一手に担う垂直統合型であるという点だ。

ここでアメリカの事例を紹介したい。

もともとハリウッドにおいても、製作・配給・興行公開の流れを大手スタジオが垂直統括し、寡占状態となっていた。ビッグ5と呼ばれた大手スタジオ（パラマウント、ワーナー・ブラザース、MGM、20世紀フォックス、RKO）は自社所有の映画館チェーンから最大の収入を上げ、全興行収入の8割以上を5社のみで稼ぎ出していたのだ。

しかしそれは市場での自由競争という基本的なルールに反するとして、1938年、司法省がビッグ5に対し、独占禁止法に触れるとして訴えを起こした。これは筆頭会社の名前から「パラマウント訴訟」と呼ばれる。

最終的に独占禁止法に抵触するという判決が下り、1949年にはパラマウントがそれに同意、53年までにメジャー5社すべてが傘下の数百に及ぶ映画館を手放すことになった。市場の8割以上もの興行収入を寡占している企業が映画館チェーンを有していること自体が市場での圧倒的な優越性につながり、健全な競争を阻害している——と判断されたからである。

「映画館を所有する大手5社が8割」と聞いて、うん？　となった人もいるのではないだろうか。そう、日本では現在、「日本映画の興行収入のうち映画館を所有する大手3社が8割」を占めているのである。

闇雲に大手映画会社の商業主義を批判したい訳ではない。彼らには営利法人として株主利益の最大化は原則の基、当然なすべき商業活動を行っているに過ぎない。個々の企業を悪者にすれば済む話ではなく、構造の問題である。日本の映画業界には、健全な競争をするだけの地盤を整えるための規制がない。多様な映画を作るためには、多様な資金集めのパッチワークが必要だが、助成金や寄付が少ない上に、市場も寡占状態のまま放置されている。まるで三重苦だが、日本映画の「これから」を考えていく上で、目を背けるわけにはいかない現在地である。

第三章　日本映画の「これから」

統括機関を求めて

２０２２年６月に有志の映画監督たちにより、とある団体が立ち上げられた。「action4cinema／日本版ＣＮＣ設立を求める会」というちょっと長い名前の団体は、映画監督の諏訪敦彦さん、是枝裕和さんが共同代表を務め、他に西川美和さん、舩橋淳さん、内山拓也さん、岨手由貴子さん、アニメーション映画監督の片渕須直さんが主なメンバーとなっていて、私も末席に名を連ねている。

会の目的は、すでに何度か本稿でもその名を挙げているが、フランスにおける国立映画映像センター（ＣＮＣ）や韓国の韓国映画振興委員会（ＫＯＦＩＣ）のような、国内の映画支援を統括する公的団体の設立を日本の映画業界に「求めていく」ことだ。

日本では、文化庁、経済産業省、厚生労働省など各省庁がそれぞれバラバラに散発的な支援を行っているのが現状だ。縦割り行政の中で支援元が分かれていることにより、支援の全体像を見渡すことの困難さ、連携の拙さなどの弊害が生まれている。要はイニシアチブを取る機関が不在なのだ。

また、次見開きの図ｃのように、こういった統括機関を有するのは、フランス、韓国の２国のみではない。

だが、この2国の取り組みは、制度的にも特に進んでおり、日本の映画業界の現状を踏まえて、参考にすべきモデルケースとして紹介していきたい。

「action4cinema」の4は、未来の日本の映像文化の統括団体「日本版CNC」が担うべき4つの支援の枠組みを表している。つまり「教育支援」「労働環境保全」「製作支援」「流通支援」である。

ざっとそれぞれの内訳を説明すると、

①「教育支援」　映画作りの未来を担う人材育成、公教育における映画鑑賞の授業の推進
②「労働環境保全」　撮影現場の安全やハラスメント防止、ジェンダーギャップの解消など就労環境の改善
③「製作支援」　企画開発・脚本作りから映画撮影、ポストプロダクションに至るまでの映画作りに対する支援
④「流通支援」　映画館や配給、上映活動への支援

となる。これらはすべて、フランスCNC、韓国KOFICが恒常的に行っている支援

内容である。

①「教育支援」に関しては、次の第四章で言及することとして、この章では、②「労働環境保全」、③「製作支援」、④「流通支援」に関して、フランス、韓国の2国で実際にどのような支援が行われているのかを紹介しながら、日本がどのような施策を行えば良いのかを考えたい。

資金の循環

具体的な支援について紹介する前に、まずはフランスCNC、韓国KOFICの組織設計について説明しよう。

第一章でも書いた通り、映画業界の諸問題のほとんどはお金があれば対策でき、逆に言えば、解決のためにはお金がいる。

図cの「支援の総予算」という項目を見てほし

カナダ	台湾	韓国	日本
Telefilm Canada	文化部	KOFIC	なし（各省庁）
113億円	28億円	269億円	80億円（映画35億円）
国家予算（81%）ファンドマネジメント, 投資（19%）	文化部 100%	国家予算（62%）チケット, 利子収入など（38%）	国家予算（100%）
153本	57本（公開本数）	約200本（公開502本）	689本（公開本数）

図c　諸外国の映画支援機関

	フランス	イタリア	ドイツ	イギリス	アメリカ
支援団体	CNC	MIC	FFA	BFI	各州のFC
支援の総予算	913億円（映画410億円）	620億円	375億円	146億円	ー
支援の内訳	チケット(23%) テレビ(70%) ビデオ(5%)	文化省100%	チケット,ビデオ,テレビ,金利,融資回収他で100%	国家予算(22%) 宝くじ,ナショナルアーカイブ運営,寄付(78%)	公的支援は州毎税優遇など,自国映画シェア率92.5%で世界一
年間制作本数	301本	325本	265本	185本	814本

資料：日本版CNC設立を求める会／action4cinema ※2019年データに基づく

い。これは、文化予算額ではなく、映画に関する各機関の年間予算を示している。日本は統括機関がないため、文化庁を含めた各省庁の支援の積算であるが映画のための助成金はだいたい35億円程度であると見積もれる。一方でフランスは総予算913億円、そのうち実際支援に使われている額は410億円とやはり高い。お隣、韓国の場合は年間約70億円である。

実際、「4つの支援」を十分に行おうとすれば、年間そのぐらいの予算は必要となる。では、フランスや韓国はもともと文化予算が高いからこの資金を獲得できているのだろうか。

実はCNCの財源に国の文化予算は入っていない。ではその財源は何か。中心となるのはチケット税である。劇場から映画入場料の10・72%を徴収し、これはCNCにプールされ再分配される。

この「チケット税」の制度は韓国でも採用されていて、韓国においてはチケット料金の3%が韓国映画発展基金として映画支援に運用されている。

このような形で自主財源を確保できることの強みは、映画業界のリアルとニーズに合わせた、より柔軟で迅速な支援が可能になることだろう。たとえば前章、文化庁の映画支援の問題点として年度に縛られた期限の短さを挙げたが、それも業界内の自主財源で支援を行えるのなら、より自由になるはずだ。また、文化や産業の発展の成果は、1年ごとにきっちりと出せるものではない。5年10年と未来を見据えた制度設計が必要となる。国や政権の予算方針次第で毎年どうなるかわからない予算と違って、より安定的で長期的な運用が可能な資金であることも重要である。

さらに指摘すべきは、CNCの財源は映画館からのチケット税だけではない点だ。放送事業者の課税対象収入の5・15%、ビデオやVOD（ビデオ・オン・デマンド）事業者の課税対象収入の5・15%も同様に徴収される。2022年にはNetflixとフランスの各映画組合との契約を締結し、フランス語で製作される映画に対し年間最低39億円、年間10本以上の作品に事前出資することが決まった。CNCがあくまで「国立映画映像センター」である所以である。CNCはプールした財源から映画だけではなく、テレビからゲームまでオーディオビジュアル全般を支援している。

図d　CNC支援金全体の流れ

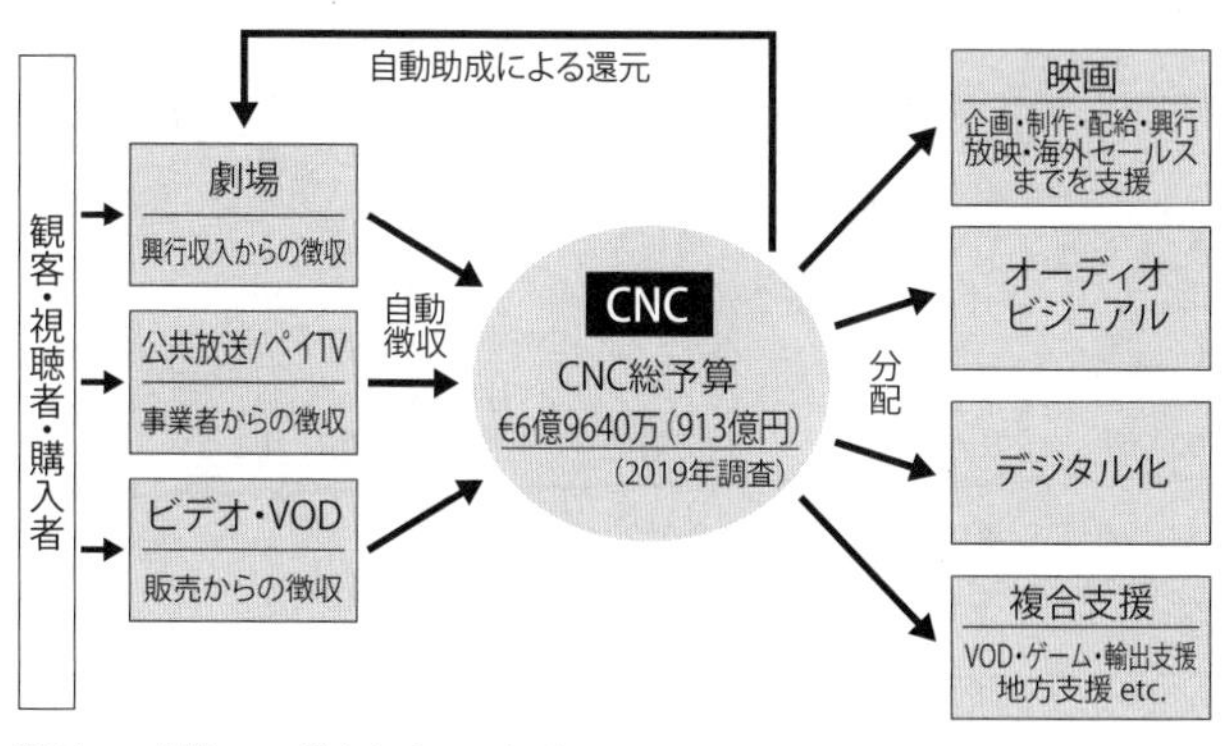

資料：日本版 CNC 設立を求める会／action4cinema

こうした複数の財源を持つことは、フランスの映画行政の多様性と安定性の確保につながっている。一方で、CNCの仕組みをモデルに制度設計されたKOFICは、フランスのようなテレビ局や配信から徴収する仕組みは現在においてはなく、収益の中心を映画館からのチケット税に頼っていたため、コロナ禍における映画館のロックダウンの影響をもろに受け、大幅な収益減に苦しんでいる。

映画の多様性を保つための制度設計

そもそも、20世紀半ばにテレビの普及によって映画館の動員が激減することになった事情はフランスのみならずどこの国でも同じだ。

しかしフランスはその後が違った。1986年に文化大臣ジャック・ラングによって制定された新たな法律において、テレビ局がその収益の一部を映画映像産業に還元することが義務付けられたのだ。

敵対するものとして語られやすいテレビ業界と映画業界が、フランスにおいては「オーディオビジュアル産業全体を支え合う」同士として(内心はどうあれ)有機的に結びつけられているのが印象的である。そのことを象徴するのが、フランスのエリック・ロメール監督の代表作『緑の光線』(1986)の初上映のエピソードだ。

『緑の光線』は1986年8月29日にヴェネツィア国際映画祭でプレミア上映されたが、なんと同日に、フランスの有料ケーブルテレビ局カナル・プリュスでも放映された。昨今では、『ゴダール・ソシアリスム』(2009)が映画館で上映されたときも、配信で同時にワールドプレミアされている。これらは、フランスにおける映画とそれ以外の映像メディアの結びつきの在り方をよく示している。

フランスではテレビ局とCNCの間で出資に関するルールが定められている。つまり、一定数以上の映画作品を放映している放送事業者に対し、売上高から一定の割合で映画製作に投資を行うことが義務化されているのだ。一方で、テレビ局は一本の映画に出資できる上限も決まっていて、映画のメインプロデューサーにはなることはできない。

映像メディアを収益の循環という形で結びつけながら、テレビ局という巨大な資本力、影響力と映画文化の多様性をなんとか共存させようとする意思がここには現れている。

テレビの広告規制

日本では例えば製作費3億円の映画には同規模の3億円程度の宣伝費をかけるのが一般的であるが、フランスの配給会社の担当者はそれを聞き、なぜ日本の映画宣伝費はこれほど高いのか、宣伝にそんなに使うなら撮影現場にもっと使えばいいのに、と不思議がる。確かにその通りだが日本には日本の事情があり、ある程度以上の大作になると、宣伝のためにテレビの広告枠を買い予告編を流すのが一般的になっていて、宣伝費の嵩(かさ)む一因となっている。

一方、フランスにおいては、2022年まで地上波のテレビで映画の予告編を流すことが法律で禁止されていた。それを認めてしまうと、圧倒的な広告費を持つ大作映画が興行において優位に立ってしまい、健全な競争が阻害されるからだ。ラジオや駅の看板での広告などは認められても、基本的にテレビでは宣伝ができない。

アメリカでは映画館チェーンを持つ大手映画会社に独占禁止法のメスが入り、フランスでもまた大手の資本力を抑制するための文化的な法律が存在しているわけだ。助成金も少なく寄付も少なく、そういった法整備も整っていない日本の状況を思うと、ないない尽くしと言わざるをえない。
なお、フランスのテレビ広告の規制は現在は実験的に緩和され、その影響は政府により今後調査、報告されることになっている。一方で、フランスの独立系映画会社は、テレビの広告枠を配給会社が買うことは大作を利するだけであり映画公開のコスト増にもつながる、とすでに懸念を示している。

フランスのパッチワーク

前章で「多様な映画を作るためには、多様な資金集めのパッチワークが必要」と書いたが、ではフランスにおける「パッチワーク」はどうなっているのだろう。次ページの表eはフランス映画（国際合作を含む）全体の資金調達の割合である。
ここからコロナ直前の2019年を例に、第二章で示した「3つのパッチワーク」のうち、フランスでの資金集めの主流な方法である①「出資・融資」と②「公的支援」にフォーカスして見てみよう。

出資や融資：「プロデューサーの出資」15・4％、「ソフィカ」3・5％、「テレビ局の出資＆プリセールス」28・6％、「フランス配給会社のMG」16・7％、「その他のフ

図e　フランス映画（国際合作を含む）全体の資金調達割合

西暦（年）	2013	2014	2015	2016	2017	2018	2019	2020	2021	2022
プロデューサーの出資	11.9	14.6	13.5	14.3	12.4	23.4	15.4	13.4	14.8	12
文化への税額控除	4.7	5.5	6.9	7.7	9.9	12.0	12.5	14.4	12.9	14.7
ソフィカ	3.5	3.9	3.4	3.5	3.7	3.1	3.5	3.8	4.0	4.6
公的援助※1	9.7	10.3	12.6	11.5	10.8	10.8	12.0	15.5	13.9	15.5
テレビ局の出資＆プリセールス	33.3	31.4	33.5	31.9	35.2	28.7	28.6	31.0	29.5	32.6
フランスの配給会社のMG※2	21.9	21.0	21	16.5	13.2	15.1	16.7	12.2	11.9	12.2
そのほかのフランスの融資	1.1	0.9	1.0	3.5	1.5	0.8	0.7	1.3	1.3	1.1
外国からの資金調達※3	13.9	12.5	8.0	11.3	13.3	6.1	10.5	8.4	11.7	7.3
合計	100.0	100.0	100.0	100.0	100.0	100.0	100.0	100.0	100.0	100.0

資料：CNC
※1　自動的かつ選択的かつ地域的な援助。
※2　フランスの共同製作者による外国からの委託を含む。
※3　外国の共同制作者、外国の公的援助、外国のテレビチャンネルからの委託及び寄付を含む。

ランスの融資」0・7％で合計64・9％
公的支援：「公的援助」12・0％、「文化への税額控除」12・5％、合計24・5％。

となる。なお最後の「外国からの資金調達」10・5％には、出資・融資、公的支援、寄付・協賛それぞれが含まれている。これらを見ると、いかにフランスにおける資金調達の方法が多様であるかが窺える。日本では例の少ない、あるいは存在していない方法を紹介していきたい。

まず公的助成が12％、約1割以上を占めるのは、日本と比べるととても大きいといえるが、同時に目を引くのが、出資・融資の手段の豊富さである。

圧倒的に大きな割合を占めるのが「テレビ局の出資&プリセールス」である。これは前述したテレビ局からの5・15%の循環とはまた別の仕組みで、映画を放映するテレビ局Canal+と同系列のCine+には「多様な予算とジャンルの映画に資金を提供する義務」が課せられていて、年間約1億9000万ユーロ(約300億円)を100本程度の映画に投資する義務が課せられている。本数まで決まっているのは、収益性の高い娯楽作品に投資が集中するのを避けるためだ。また、France TVも年間純売上高の3・5%、総額6000万ユーロ(約90億円)を映画に投資している。

つまり、フランス映画の最大の出資元はテレビ局ということになる。これは良い面ばかりでもなく、フランスの映画関係者からは最近のフランス映画が寄りの絵が多めになっているなど、テレビ向けの絵作りになってしまっているという懸念を耳にしたことがある。

一方で、テレビ局に映画への投資を義務付ける法律は、同時にテレビ局の出資比率に制限をかけ、作品の最大出資者となり権利を得ることも禁止している。映像分野のライバルでもある映画とテレビの緊張関係が、制度設計に慎重に落とし込まれているのが窺える。

また、日本では例の少ない、銀行から映画会社への融資もごく一般的に存在する。映画への融資専門の銀行が存在しているのにも驚かされる。

投資会社ソフィカ

表ｚには「ソフィカ」という耳慣れない項目があり、フランス映画全体の出資の約４％を占めている。ソフィカとはＣＮＣの認可を得て映画の制作や配給への資金調達を専門とする民間機関の総称である。認可を受けたソフィカは株という形で民間投資家から集めた資金を様々な映画へと投資することが可能で、ソフィカの株を購入した投資家には購入額の最大48％の所得税減税の恩恵を受けることができる。

映画のための資金を調達するプロデューサーは、映画の企画書をソフィカに提出し、認可を通ればソフィカからの投資を受けることができる。ソフィカは現在、フランスに８つほど存在していて、それぞれどのような映画に投資をするかカラーが異なり、プロデューサーは自分の企画に合ったソフィカを選ぶこととなる。

ここにおいても、多様な映画を支えるための制度設計が機能していて、先ほどソフィカの株を購入した投資家には最大48％の所得税減税の恩恵があると書いた。この減税率はソフィカの投資の性質により変動し、基本的には30％であるが、投資のリスクのより高いタイプの劇映画、ドキュメンタリー、アニメーション作品に対し10％以上の投資を行うソフィカの場合は、所得税減税の恩恵は30％から48％へと引き上げられる。

韓国のKOFICはどのようにして生まれたか

では次はお隣の韓国に目を向けたい。

KOFIC（韓国映画振興委員会）はフランスのCNCをモデルに制度設計されているが、日本がよりモデルにしやすいのはCNCよりKOFICであるといえるだろう。半世紀以上の時間をかけて映画だけではなくテレビや配信も仕組みに緻密に組み込んできたCNCと比べ、KOFICはまだ映画業界内での共助の仕組みであり、日本が見習うべき第一歩として大いに参考になるはずだ（図f参照）。

KOFICの前身となる団体は1973年に設立された韓国映画振興公社だ。ただし同公社はKOFICとはまったく体制が異なっており、公社といえど公的な性質は帯びていなかった。社長がひとりで国内映画の育成と管理を司っており、現在のKOFICのような多角的な支援は行われていなかった。また、この時代は施策のほとんどは文化体育観光部が決定していて組織としての自立性は低かった。

1999年、同公社は官民合議体機構という形に生まれ変わり、名称を韓国映画振興委員会（KOFIC）に変更する。これは任期3年の常勤職の委員長ひとりと、任期3年（以前は2年だった）の非常勤職の委員8人という体制で運営され、その8人には、監督、制

図ｆ　KOFICの公的な映画製作資金の流れ

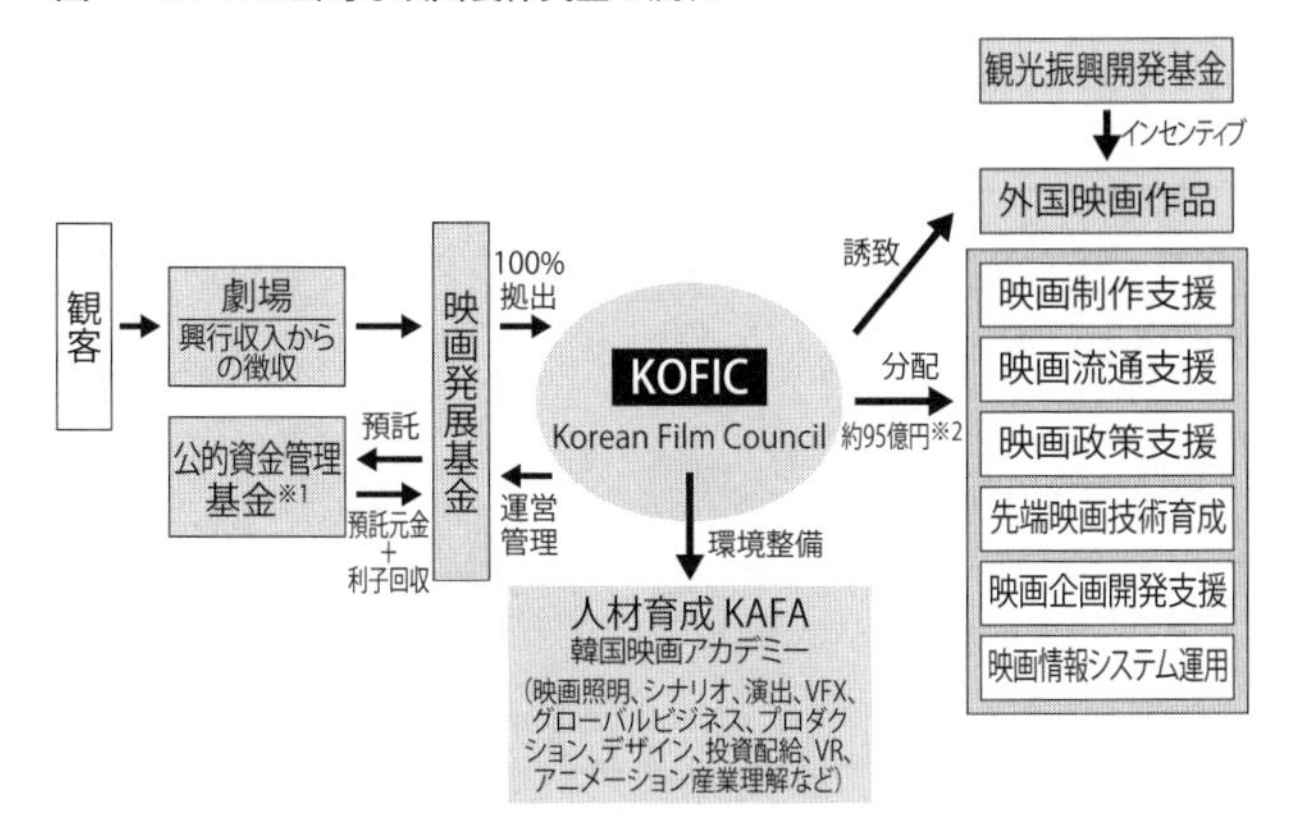

資料：日本版CNC設立を求める会／action4cinema
※1　公的資金管理基金を通じて外国為替市場安定用国債を発行。介入資金（ウォン）を調達している。
※2　2022年計画に基づく

作、技術、輸入配給、学術、投資、シナリオ、そして自主・独立映画部門と、業界を満遍なく横断する形で専門家が集められている。その委員の下に、いくつかの小委員会が組織されるのだ。

よく、韓国と日本の映画業界を比べて「韓国は国策でやっているから（＝国がゴリ押しでやっているから）」と一抹の揶揄を込めて語る人がいるが、半分は正解だが半分は間違っていると言える。国が国内映画産業振興のために注力したのは事実だが、韓国映画の改革と躍進の背景はそれだけではない。

KOFICが立ち上がる時期の前後である1998年から99年にかけて「小型‐短編映画製作支援」が設置さ

れ、40本の作品に1本あたり600万ウォンずつの支援、撮影所やpost-production施設の割引、海外映画祭への参加航空費支援などが行われたが、それに対して韓国独立映画協会は「アメ玉をくれとせがまずに、芝生の球場を作るよう堂々と要求しよう!!」(韓国独立映画協会発行雑誌『独立映画』〔1999〕より)と一時的な金銭的支援ではなく、流通網などの基盤構築を政府に要求していった。

KOFICは現在、企画脚本開発から映画製作、配給や劇場、映画教育まで幅広く支援を行っているが、こういった包括的な支援が最初期から行われていたわけではない。初期のKOFICでは2000年から2004年に実行された「第一次映画振興総合計画」においては国内における映画産業としての競争力強化や量的成長に力点が置かれていた。しかし、2000年代半ばには一応の量的成長を達成したとし、続く「第二次映画振興総合計画」では、独占や寡占といった映画産業の歪曲的構造の改革や合理化、公共性や多様性の確保の方向に施策を転換していった。

KOFICの政策に強い影響を与えた出来事として、2006年の米韓FTA(Free Trade Agreement/自由貿易協定)に先立って、アメリカはスクリーン・クォータ(Screen Quota/自国映画義務上映制度)の縮小を要求、その結果、韓国映画の上映について年間146日以上と定められていたのが、73日まで縮小した。これに対してパク・チャヌク監督、ポン・ジュノ監督、俳優のソン・ガンホといった映画人が反発、抗議の声をあげていった。結果、映画産業の否定的波及効果への対策として政府は「映画発展基金」の創設を決定し、その後の韓国映画の躍進を支える重要な財源となった。

このように、決して政府のゴリ押しのみで映画に関する政策決定がなされているわけではなく、映画関係者による社会運動や発信の積み重ねの上に、今の韓国映画の振興は存在している。

なおＫＯＦＩＣの原資は、政府からの助成金、個人・法人からの寄付金、映画館入場料への賦課金、基金の運用から生ずる収益金などによって構成されている。政府からの助成金が入っているのがＣＮＣと異なるところだ。また、映画館入場料への賦課金は入場チケットのレシートに「映画発展基金：３％」として記載されている。これは「３％を映画料金に上乗せする」という意味ではなく、劇場側・配給側・製作側が共同で負担する性質のものだ。観客の負担ではないことを明確に示しているのがポイントである。

映画館入場料の運用の前提として、映画館ごとに売上の数字が正確に把握されている必要があるが、韓国においては映画チケットの売上を電子的に管理する映画館入場券統合電算網（KOBIS: KOREA Box-office Information System）が２０００年代にはすでに配備され映画産業自体の透明性が増したことが大きい。この点においても、日本は大きく遅れている。

フランスの失業保険制度

それでは、ここから先は、CNC・KOFICの施策に限らず、フランス・韓国で行われている具体的な支援策について紹介していきたい。

まずは、豊かな創作を支えるための根幹と言える「労働環境保全」について。

フランスにおける複数あるセーフティネットのひとつとして最重要な制度が「アンテルミタン・デュ・スペクタクル（以下、アンテルミタン）」である。私がアンテルミタンについて知ったのは2000年代半ば、フランスで活動されていたアーティストの藤井光さんから教えていただいたのが最初で、そのときの衝撃は今でも忘れられない。

アンテルミタンとは、映画・放送・舞台芸術の分野で俳優や技術者として働くフリーランスの労働者に対する失業保険制度のことで、仕事のない期間に失業手当が支給される仕組みである。その対象は、俳優から技術スタッフ、映画監督に演出家、舞台監督、歌手、パフォーミングアーティストなどフリーランスで断続的で不安定な働き方をしている多くの職種が含まれ、前年度の10ヵ月の間に最低507時間働いていれば、翌年の仕事のない期間に8ヵ月分の補償が受けられる。これは仮に週5日・8時間のペースで働くなら12週間、約3ヵ月間で達成される数字である。たとえば、ある舞台俳優が演劇の公演に出演したとして、3ヵ月間の稽古と2ヵ月間の巡業公演をすれば、それで条件の大部分を達成できてしまうだろう。

フランスで演劇の舞台監督として活動している友人の女性は、コロナ禍の休業中に月に約23万円の失業手当を数ヵ月にわたり継続して得ていて、それによりロックダウンを無事に乗り切ることができていた。一方で日本の映画映像業界で働くフリーランスに失業保険などはなく、だから皆、収入を維持するために休日を削ってでも働き続けないといけないことを思うと、異次元の環境格差だ。

アンテルミタンはCNCのような文化団体ではなく、「ポール・アンプロワ（Pôle emploi）」という国の機関によって運営されている。日本でいうハローワーク（公共職業安定所）に相当する機関である。

ここで大切なのが契約書の存在だ。

財源が国の税金である以上、受給資格者の認定は厳密かつ公正に行われる必要がある。その根拠となるのが契約書で、いつ、どこで、誰に雇われ、どのような条件で働いたか、雇用契約書が交わされていることで、俳優やスタッフの立場が明確となる。手厚い保障と契約書はセットであるのだ。

前章で示したように、日本の映画産業ではまだまだ契約書を交わす文化が根付いていない。今後フリーランスの支援制度を充実させていくうえで、まずは契約書を交わし労使の関係を明確にしていくところから始めないといけない。一般社会からすれば意気込んで書くほどのことでもない当たり前のことが、日本の映像業界においては満足にできていない。私たちはまだスタートラインにさえ立てていないのだ。

なお、2024年の11月1日から施行されるフリーランス新法では、文書による労働条件の明示が発注者側に義務付けられている。この法改正が、口約束からトラブルにつながりやすい業界の商慣習の改善につながることを期待している。

韓国の芸術家福祉法と芸術人権利保障法

一方韓国では、2011年1月に若手脚本家の女性チェ・ゴウンさんが生活苦の中で病死する痛ましい出来事が起きた。ゴウンさんの死は韓国国内で大きな社会的関心を呼び、芸術家の置かれた劣悪な創作環境に注目が集まったことから、関連法案の審議が国会で加速。2011年11月に芸術家福祉法が公布された。チェ・ゴウンさんが亡くなってから10ヵ月後のことだった。

この法の趣意は成立の経緯にすでに象徴されているが、法令文を見ていただくことでよりはっきりと伝わるだろう。独立行政法人労働政策研究・研修機構の呉学殊先生が訳しまとめてくださった資料「韓国の芸術家福祉法と芸術家・文化芸術の実態」より引用する（なお、この資料は日本芸能従事者協会が世界各国の芸術に関する法文を学ぶ研究会を定期開催する中で作成されたもので、呉先生も参加メンバーである）。

(1)（芸術家福祉法の）目的：芸術家の職業的地位と権利を保護し、福祉支援を通じて芸術家の創作活動を増進して芸術発展に資すること。
・地位と権利：文化国家の実現と国民生活の質の向上に重要な貢献をする存在として正当な尊重を受ける地位
・全ての芸術家は、自由に芸術活動に従事する権利、成果を通じて正当な精神的、物質的な報酬を享受する権利
・全ての芸術家は、有形・無形の利益提供や不利益の脅威により不公正な契約を強要されない権利
（略）
(2)国及び自治体の責務
・芸術家の地位と権利を保護し、福祉増進に関する施策の樹立・施行

・地域、性別、人種、障害、所得などによる差別がなく芸術活動に従事する施策
（略）

つまりは「同法の制定により、国及び地方公共団体の責務、国による標準契約書の作成・普及、芸術家の経歴証明のための仕組みの整備、芸術家への労災保険の適用、芸術家福祉事業を実施する韓国芸術家福祉財団の設立等」が規定されることとなった（「韓国の芸術家福祉法」国立国会図書館　調査及び立法考査局　海外立法情報課　藤原夏人）。

さらに、この芸術家福祉法の施行から10年後の２０２２年には、同法の不足分を発展的にフォローする芸術人権利保障法という法律が施行された。芸術家福祉法が保護対象としたのが「芸術活動証明」を受けた芸術家であったのに対して、芸術人権利保障法ではその範囲は拡大され、「芸術活動を業とする者又は教育・訓練等を受け、又は受ける者」として職業芸術家になるために教育・訓練を受ける学生なども対象となった。

さらに、芸術活動の内容面においても適用対象が拡大し、芸術家福祉法では文化芸術のうち創作・実演・技術が対象となっていたが、そこにさらに企画と批評、訓練と練習も含まれるようになり、保障の領域にセクハラ・性暴力予防教育の実施など「性平等な芸術環境づくり」が盛り込まれている（呉学殊「韓国芸術人権利保障法」日本芸能従事者協会ホーム

ページ資料室より）。

日本においてはどうであろうか。結論としては、韓国におけるこれらの法律に相当するものは存在しないが、比較的近いところでは、文化芸術基本法（２００１年成立時は「文化芸術振興基本法」、２０１７年に法改正して現在の名称になった）がある。

たとえば「基本理念」の第二条の2には「文化芸術に関する施策の推進に当たっては、文化芸術活動を行う者の創造性が十分に尊重されるとともに、その地位の向上が図られ、その能力が十分に発揮されるよう考慮されなければならない」、3には「文化芸術を創造し、享受することが人々の生まれながらの権利であることに鑑み、国民がその年齢、障害の有無、経済的な状況又は居住する地域にかかわらず等しく、文化芸術を鑑賞し、これに参加し、又はこれを創造することができるような環境の整備が図られなければならない」と明記されている。

これらの内容には率直に賛成で、特に3のような形で芸術に参加する権利の平等が法文に明記されている意義は大きいが、では現在十分に実効性のある形で「整備が図られ」ているかというと、残念ながらそうではないのは、これまで繰り返し論じてきた通りである。

これらを含む基本理念の10の条文を見てみると、「文化芸術活動が活発に行われるような環境を醸成することを旨として文化芸術の発展が図られるよう考慮」（4）、「地域の人々により主体的に文化芸術活動が行われるよう配慮」（6）、「家庭及び地域における活動の相互の連携が図られるよう配慮」（8）、「文化芸術活動を行う者その他広く国民の意見が反映されるよう十分配慮」（9）など、一見すると良きことが書かれているようで、とにかく「考慮」し「配慮」する全体に曖昧な表現が多く、たとえば韓国の芸術家福祉法において「自由に芸術活動に従事する権利、成果を通じて正当な精神的、物質的な報酬を享受する権利」「有形・無形の利益提供や不利益の脅威により不公正な契約を強要されない権利」など一歩踏み込んだ言葉で明確に示されている力強さと比較すると、具体性に欠けていると言わざるをえない。

日本の文化芸術基本法におけるもうひとつの問題点は、「文化芸術活動を行う者の自主性、創造性の尊重、地位の向上」が謳われているにもかかわらず、では誰が「文化芸術活動を行う者」なのか、具体的な定義が避けられている点である。

前述した、フランスの芸術家のための失業保険制度アンテルミタンは、発注者と受注者の雇用契約に則って労働時間を算出することにより、その対象を定めている。韓国においては一定の基準に沿って「芸術活動証明」を発行し、また学生も対象に含めるなど、具体的な定義が示されている。これらの線引きは結局、有限である支援の原資を活用するためにどこかで線を引く痛みを伴う作業であるが、実効性のある支援制度を成立させるためには避けては通れない行程であり、だからこそできる限り公平性・透明性の高いルールを作る必要がある。

そういった具体的な手続きを避け続けた日本で制定された「文化芸術基本法」が、芸術家の権利や地位の向上にどこまで貢献したかは甚だ疑問である。

フランス：企画開発時にも助成金が下りる

次に、「製作支援」について紹介する。

ＣＮＣによる助成制度の代表的な仕組みに、「自動助成」（aide automatique）と「選択助成」（aide sélective）がある。

自動助成とは、各会社の興行実績に応じて、内容面についての審査はなしに、ＣＮＣが開設した会社ごとの口座に自動的に振り込まれる助成金である。撮影前の準備段階を支援する「創作助成」と撮影開始後を支援する「製作助成」が準備されていて、各社はそれを映画製作や次回作などへの投資のために利用できる。この予算は、ＣＮＣの映画に特化した年間約３００億円近い助成金のうち6割以上の割合を占めていて、まさにフランス映画界の根幹を支える重要な制度であるといえる。

自動助成の中の「長篇映画作品の準備への投資」において、投資対象とできるのは以下の項目である。

・原作者ないしは脚本家の文学的および美術的所有権（著作権）の選択権付き取引ないしは譲渡に係る経費
・製作準備の作業に携わるスタッフの給料および報酬
・ロケハン費用

なぜこの仕組みが重要であるか。映画は撮影さえ始まればよほどの大きなトラブルがない限り、概ね完成まで辿り着く。しかし、企画・脚本開発の段階においてはまったく事情が異なり、時間を割いてリサーチをしても映画にするだけのテーマが見つからず断念することもあれば、脚本まで書きあがっても出資や助成金が得られずお蔵入りになることもある。むしろ、製作まで無事に進む企画のほうが稀であるといえる。とはいえ、そこに人が動けば人件費は発生し、脚本家にはギャラを支払わないといけない。投資的には最もリスクの高いフローであり、だからこそ企画・脚本開発への出資は抑制されやすい。結果、脚本家への未払いや貧困労働につながったり、そもそも開発に時間と労力をかけないという事態が起きてしまう。

資本に余裕のある会社はリスクを承知で企画・脚本開発に予算を投下できても、中小の会社はそうはいかない。だからこそ、フランスや韓国はそこをこそ厚く支援する仕組みを作っている。フランスの自動助成は作り手の資本力の格差を是正し、より持続的な製作活動を可能にしている。

日本において、企画開発段階への支援が不十分であったり、制度に不備があるのは、第二章で指摘した通りだ（文化庁が芸文振を通じて交付する文化芸術振興費補助金・日本映画製作支援事業の問題点）。

忘れてはならないのは、自動助成は必ずしも「売れないアート映画」だけを支えるわけではないことだ。ヒット作を出し興行的に成功すれば、その分、次回作に使える自動助成の金額も多くなる。大作映画、娯楽映画を作るプロデューサーや大手映画会社にもメリットのある制度設計になっている点は重要である。

フランス：映画の言語と文化の多様性

一方の選択助成とは、脚本審査などを経て作品の内容によって交付先が選択される助成である。特に興行実績を参照する自動助成ではサポートしきれない新進プロデューサーや、ドキュメンタリー映画、短編映画などへの支援が行われる。つまり、自動助成と選択助成はそれぞれが補い合う相関関係にあるといえる。

選択助成においても自動助成同様、「創作助成」と「製作助成」の両方がある。

その詳細に目を向けると、制度設計のきめ細かさに驚かされる。例えば脚本に関する「創作助成」を見てみても、「執筆に対する助成」「リライトに対する助成」「コンセプトに対する助成」の3種類があり、脚本開発の様々な段階をサポートできるようになっている。書き直しを無償でやらされることの多いであろう日本映画の脚本家にとって、「リライト」に出る助成は喉から手が出るほど欲しいのではないだろうか。

選択助成の中には、国際合作に対する助成もある。「ワールドシネマに対する助成（シネマ・デュ・モンド：Aide aux cinémas du monde）」という名称で、フランスから見た外国映画、つまり日本映画も対象に含まれていて、私の作品も過去に何度かこの助成を得ている。

シネマ・デュ・モンドの応募要項でハッとさせられるのは、使用言語についての条件で「主な撮影言語が、撮影が行われた国もしくは地域、または監督の出身国の公用語または使用言語であること」と明記されている点である。

この一文からは文化の多様性への哲学が伝わってくる。

現在のフランス文化政策の礎を作ったのは、1981年に文化大臣に就任したジャック・ラングであるといわれるが、ジャック・ラングは初代文化大臣のアンドレ・マルローの掲げた「文化の民主化」をさらに推し進め拡大し、「伝統的な高級芸術の普及としてではなく、人々のライフスタイルに根ざした多様な文化の保護と支援だと解釈」した。シネマ・デュ・モンドは意地の悪い見方をすれば、外国映画にフランスのラベルを貼っていく文化的植民地主義とも思えるが、私はそれよりも、この使用言語に関する一文に凝縮された「多様な文化の保護」の精神に胸を打たれる。

言語はそれ自体が地域の文化や歴史、オリジナリティと結びついている。

しかし、かつてのアメリカ映画においては、たとえ外国が舞台であっても使用言語は英語であることが当たり前だった。中国を舞台に中国人も日本人も皆が英語でやりとりをする『ラストエンペラー』（1987）、芸者が英語を話す『SAYURI』（2005）など例を挙げればきりがない。『アベンジャーズ』で宇宙人が英語を喋るのはご愛嬌だが、現実の異文化に対するそれはグローバリゼーションによる文化の一元化であり抑圧である。

現在、英語人口は世界に15億人ほどいるといわれており世界一だ。2位の中国語でも11億人である。当然ながら、話者の多い言語で作られた作品ほど市場は広くなる。つまり、ハリウッド含め英語圏で作られる映画は流通に対する障壁が低く、先天的に市場での高い優位性を有している。

一方、フランス語、ドイツ語、イタリア語、日本語、韓国語といった言語は、使用人口という点では、英語に比べて圧倒的にマイノリティである。フランス語は世界で3億人、日本語は1億3000万人ほどに過ぎない。だからこそ、マイノリティの言語による映像表現が持続的に行われること、それらが市場にきちんと送り出されていくことが、多様性の保護者としての「シネマ・デュ・モンド」の思想的根幹をなしている。

韓国：多様性映画支援

このような思想を根幹に持つ「製作支援」は韓国でも実施されている。

KOFICの映画支援策の詳細を私に教えてくれたのは、2013年当時、KOFICの日本通信員だったチョン・インソンさんで、「世界の映画行政を知る」という勉強会に講師としてお招きしお話しいただいた。日本の文化支援の脆弱さをすでに知識としては知っていた私は、韓国の具体的な施策の数々を、文字通り目を輝かせながら聞いていたが、フランスのアンテルミタン制度の話を初めて聞いたときと同等の衝撃を受けたのが「多様性映画支援」であった。

現在、KOFICの行う映画製作支援には、「自主・芸術映画の制作支援」という枠があるが、これの前身にあたるのが「多様性映画支援」である。

「多様性映画」とは2000年代半ばにKOFICが考案した用語で、芸術映画や自主映画、ドキュメンタリー映画などがそれにあたる。従来これらのジャンルは「小さい映画」という通称であったが、これだと内容よりも経済的なサイズに印象がフォーカスされ、自らその領域を萎縮させる可能性があったため、「多様性映画」と言い換えられたのだ（日本の「ミニシアター」という通称も同様の問題を孕んでいる）。

多様性映画の一次分類は芸術映画、独立映画、ドキュメンタリー映画、クラシック映画と分けられ、そして二次分類でサイズ（量的側面）と文化価値（質的側面）に分けられる。以下はＫＯＦＩＣが掲げる文化価値の基準である。

①芸術性や作家性を大事にする映画
②映画のスタイルが革新的であり、美学的価値がある映画
③複雑なテーマを扱い、大衆が理解しがたい映画
④商業映画の外で文化的・社会的・政治的イシューを扱う映画
⑤他国の文化や社会に対する理解に役に立つ映画

どれも大切な内容であるが、やはり注目すべきは③と⑤で、③の「複雑」で「大衆が理解しがたい」作品こそを支援すると言い切る姿勢に驚かされるが、考えてみれば、これこ

そ商業性の観点からはなしえない極めて正当な文化支援の在り方と言えないだろうか。後述するフランスの、映画館への支援の枠組みにも「難易度の高いプログラム」への支援もまた、それと近い性質であるといえるだろう。また④においても、商業性を基準の外に外しつつ、社会性・政治性を肯定するあたり、KOFICの思想的な矜持が感じられる。

そう、CNCやKOFICの制度設計を仔細に見ていくと、そこには公共財としての文化をどう振興していくか、その根幹に明確な哲学が感じ取れるのだ。その哲学こそが制度設計を牽引し、血の通った生き物のように制度全体がデザインされていく。一方、日本の文化施策を見れば優秀な調査官によって各国の状況がつぶさに調べられ（その資料群は本当に一級品である）、優秀な官僚たちによって一通りの支援プランは整えられているが、そこには指針となるべき思想が稀薄である。だから全体に場当たり的で「仏造って魂入れず」に思えるのだ。

それらは行政の責任である以前に、これまで目先の映画製作にかまけて制度設計にきちんとコミットしてこなかった私を含めた映画人の責任でもある。

新人のための支援の必要性

欧州や韓国の文化支援に通底するのは、「商業性の低い表現にこそ支援する」という姿勢である。「商業性の低さ」と一口にいってもいろいろあるが、その一つが「新人であること」だろう。作品の内容や質以前に、その無名性と実績の少なさによって、投資が集まりづらいのが新人監督である。だからこそ、公的支援で支えるのである。

海外において、監督が新人かどうかを決める基準は年齢ではなく、長編映画の本数である。前述の、フランスの助成金で唯一、日本映画でも応募の可能なシネマ・デュ・モンドにおいても、2作目までの新人部門と3作目以降からの部門に分かれていて、3作目以降からになると競争相手が世界的な巨匠になってきたりもするので、当然ハードルは上がっていく。オランダのロッテルダム国際映画祭のメインコンペティションであるタイガーアワードも新人部門で国際的な映画監督の登竜門としての役割を果たしているが、こちらも基準は長編映画2作目までである。

このように新人監督のための助成金やチャンスの枠組みが準備されているからこそ、映画プロデューサーにとって、無名であっても才能ある新人監督は十分に組む価値があるのである（日本の映画学校ではこういったことをきちんと教えずに無闇に長編映画を作らせており、貴重な新人時代を失わせてしまっているという問題もある）。

日本映画界においても、文化庁の文化芸術振興費補助金の日本映画製作支援事業にも若手・新進映画作家支援の取り組みが近年始まり、また「ndjc：若手映画作家育成プロジェクト」も以前より継続されている。こういった取り組みの数がより増え、新人監督の現場に手厚い予算の支援がつくことを切に願う。

なぜなら、これまで日本映画の多様性を支えてきたのは、ひとえに低予算による映画制作であり、貧困労働であったからだ。良くも悪くも、そのおかげで私を含む多くの若手監督がキャリアのスタートを切ることができた。しかし、今後は労働環境に対する意識が高まる中で、新人監督のデビューのハードルはより上がっていくことになるだろう。だからこそ、変化の過渡期にある映画業界は、新人監督が立たされるであろう「資金集め」という苦境に特化した支援をより強く意識して設計していかなくてはならない。

コロナとミニシアター

最後に「流通支援」についてである。

ミニシアターはコロナ禍の映画社会運動における主戦場であった。

2020年、新型コロナウイルスのパンデミックにより世界各国でロックダウンが進む中、日本においても緊急事態宣言が発令され、瞬く間に経済活動が停止することとなった。映画業界も例外ではなく、特に大きな不安に晒されたのがミニシアターであった。大手シネコンと比べ内部留保が少なく、家賃や人件費など維持費負担を普段からギリギリのところでやりくりしていた各地の多くのミニシアターが閉館の瀬戸際に立たされた。そのような中で、ミニシアターへの支援を得るために、SAVE the CINEMAやミニシアター・エイド基金など複数の社会運動が同時多発的に立ち上がっていった。社会運動の乏しい日本映画界においては異例の事態であったといえる。

そもそも、なぜミニシアターの危機がこれほど問題とされたのか。ひとつの統計を紹介したい。2019年において日本の映画館のスクリーン数は3627あるのに対し、ミニシアターのスクリーン数は217で全体の6%に過ぎない。一方で、年間の上映作品数は全体の1292本に対してミニシアターでしか上映されていない映画は547本で42%にのぼる。

その42%の中には、アート映画や社会問題を描いた作品、ドキュメンタリー映画、東南アジアの映画、中東の映画、独立系の映画、新人監督の映画など、興行的な価値が優先されるシネコンではまず上映されることのないタイプの多種多様な作品がひしめいている。だから、ミニシアターの危機はそのまま映画の多様性の危機に直結する。「ミニシアター」という呼称自体はすでに日本において根付き愛されているが、大きなシネコンに対して単に小さな映画館という、両者の差異をサイズの格差のみに印象づけてしまった点は否めない。スクリーンのサイズや座席数だけでは推し量れない高い公共性をミニシアターは担っていることを忘れてはならない。

種々の社会運動の結果、ミニシアター・エイド基金には全国の映画ファンから3億3000万円を超える支援が集まり、また SAVE the CINEMA や各団体の精力的な省庁要請を経て、文化庁にはコロナ支援のための500億円以上の補正予算がつくことになった。

しかし、これらは美談にしていいことではない。確かにミニシアター・エイド基金には多くの支援が集まった。しかし、なぜ映画ファンに篤く支えられる前に業界内で映画館を支えることができなかったのか。文化庁には500億円以上の補正予算がついたが、それでもフランスや韓国の平時の文化助成の規模よりもずっと小さい。

コロナによってミニシアターは危機に陥ったのではなく、そもそも映画業界の抱えていた脆弱性がコロナによって露出したに過ぎない。

事実、コロナ禍も落ち着いてきた2023年に入っても各地でミニシアターの閉館が相次いだ。同年秋に action4cinema とコミュニティシネマセンターが共同で全国のミニシアターを対象に行った「映画館の経営状況と今後についてのアンケート」集計結果報告によると、経営状況について7割近い映画館がネガティブな回答を示し、その理由として多く挙がったのはコロナの影響よりも、デジタル映写機の買い替えや電気料金・物価の高騰、人件費の上昇などの社会情勢の変化の影響や、施設の老朽化などであった。

ではもし、日本にフランスのような助成金があったら？　虚しい空想ではあるが、おそらく多くのミニシアターが閉館を免れたはずだ。

フランスにおける映画館支援

ＣＮＣからはアール・エ・エッセイ映画館協会（ＡＦＣＡＥ）を経由して助成金が映画館に支払われる。支給の条件として、以下の３つの認証ラベルそれぞれへの適合度によって金額が変わってくる。

①ジュニア向けの映画のプログラミング
②実験的・クリエイティブな映画、各国の映画のプログラミング
③文化遺産等のクラシックな映画のプログラミング

これらのラベルに相当する作品を年間、どの程度プログラムしているかがＡＦＣＡＥによって審査をされ、助成額が決定する。映画館によって金額は異なるが、例えばブローニュ市にある映画館、ランドブスキはこの制度によって年間約１万５０００ユーロ（約

200万円）を受け取っている（フランスにおける映画館支援についてのインタビュー：「シネマ・ランドブスキ Cinéma Landowski」館主マニュエル・シャペリュさんに聞く action4cinema https://action4cinema.theletter.jp/posts/61ffe7d0-a194-11ee-b318-f783b9b66f84）。

最近は前述の3つのラベルの他にさらに、「難易度の高いプログラミング」に対する助成金が加わり、それに上映プログラムが適合すると助成金は加算される。「難易度の高いプログラミング」は曖昧な名称ではあるが、「実験的・クリエイティブな映画、各国の映画のプログラミング」に近い内容だといえる。

この3つのラベルの内容を見て、普段ミニシアターに行き慣れている人なら察しがつくと思うが、日本のミニシアターの上映ラインナップであれば、必ずどこかのラベルの承認を受けられることは想像に難くなく、相当の金額の助成が得られたはずだ。

また、このラベルによる助成以外に、前述の自動助成にも「公開助成」が存在する。これはつまり完成した映画の公開、つまり出口をサポートするための助成で映画館もここに含まれる。ここでの助成金は映画館の新設や改修のための費用、上映に必要な機材の購入資金、人材育成に必要な経費に対して使用できる。

「映画館の経営状況と今後についてのアンケート」によると、デジタル映写機、いわゆるDCPの買い替えの負担を大きいと答えたミニシアターは81・6％にのぼった。この買い替えもこの助成金によって映画館は財政的な負担がなく行えるようになる。フランス同様の映画館への支援制度があれば、この時点で8割の映画館が危機を脱することになる。

DCPは10年で買い換え?

映画館にとって大きな負担となっているDCP（Digital Cinema Package／デジタル・シネマパッケージ）とは、デジタルシネマを上映する際の標準的な上映形式のことで、現在は世界中の映画館に普及し、日本の映画館でも2010年以降にDCP化が進み、それに伴う映画館の負担が業界内で当時大きな話題となった。映画館からすれば、まだまだ使える35ミリ映写機を多額の費用をかけて買い替えることになるため、必ずしも歓迎された変化ではなかったが、しかしいわば興行の川上に位置する映画会社や配給会社がDCPのシステムを採用していく中で、劇場も変わっていかざるをえなかった。

当時は配給会社と劇場で設備投資の負担を分かち合うVPF（バーチャルプリントフィー）という仕組みもあったが、それでもなおその負担は大きく、多くのミニシアターが閉館を余儀なくされていった。

そうやって各映画館が苦労し導入をしたDCPであるが、修理しながら長く使用できたフィルム映写機と違い、部品の製造終了に伴う買い替え時期が2024年現在、導入からたった10年目にして訪れている。もし故障をしたら、部品の交換さえ行えず、高額の費用をかけて新規の機材を購入しなくてはならず、また半導体不足の影響から発注から納入まで時間を要するため、壊れてから買い替えるのでは上映が長期間にわたりストップする事態となる。

そのリスクをなくすため早期に買い替えようとしても、一スクリーンあたり数百万円の費用がかかる。一館に複数のスクリーンがあれば、それだけ負担は増えていく。ある地方の映画館の館主の方は「コロナ閉館以上の波が来る」と沈鬱な様子で語られたが、実際に2023年は愛知や京都でミニシアターの閉館が相次ぎ、その通りになっている。

なお、DCPへの切り替えは日本だけではもちろんなく世界的な流れで、フランスの映画館もやはり2010年以降にDCPの導入が進んでいったが、先述した公開助成のおかげで大きな問題となることはなかった。

CNCが劇場からチケット売上の10・72%も持っていくというのは、劇場からすれば決して小さな負担ではない。以前、拙作が上映されたフランスの地方都市のアートハウス（フランスでいうミニシアター）を訪れた際、館主にチケット税について率直な意見を聞いたところ、「10・72%の負担は大きいが、それによって得ている助成金も十分に大きいので、納得している」とのことだった。

フランスの映画館が受けている支援について調べていて気がつくことは、彼らを守るのはCNCだけではないということだ。CNCは「パッチワーク」の1枚であり、それ以外にも地方自治体からの助成やヨーロッパ映画を上映する映画館のネットワークである「ヨーロッパシネマ」からの支援など、映画館とその労働環境は多重なセーフティネットによって守られている。支援額は映画館によっては年間1000万円に達する。

与えられたのではない、勝ち取ったのだ

フランス、韓国で行われている「労働環境保全」「製作支援」「流通支援」について、それぞれ順番に確認してきた。

その充実ぶりは率直に眩しいが、以前、海外の映画祭でたまたま知り合ったフランスの映画関係者に「そちらでは文化予算も多いし失業保険も手厚くていいよね」と羨むようなことを言ってしまったことがあった。すると彼は真顔でこう反論してきた。「何を言っているんだ。私たちは戦って勝ち取ってきたんだ」と。

実際、フランスにおいても別に国民全員がアンテルミタンを支持しているなんてことはなく、反対する人たちも当然ながらたくさんいる。

2007年のサルコジ政権発足時、保守政権であるサルコジ政権はアンテルミタンの受給資格の条件をより厳しくする方針を打ち出した。すると俳優や、映画・演劇関係者がそれに激しく反発、抗議の声はフランス中を巻き込みデモやストライキへと発展していった。

そのストの影響で、演劇界におけるカンヌ国際映画祭に相当する権威あるアヴィニョン演劇祭が中止へと追い込まれた。

彼らは何に怒っていたのか。受給資格が厳しくなれば、自身の生活が不安定になるのはもちろん、たとえばシングルマザーのダンサーが子どもを育てながらダンスを続けることができなくなってしまう。それは表現の自由を脅かすことでもあるからこそ、人々は怒っていたのだ（もしこれが日本であればどうだったろうか。「シングルマザーがダンサーなんてとんでもない。母親なんだから子どもと一緒にいてあげなきゃ」といった世間の声が大勢を占めるのではないだろうか）。

第一章でも書いた通り、表現の多様性とは人間の多様性である。不安定な就労環境にサバイブできる人だけが表現者になれるようではダメだからこそ、フランスは文化労働者の生活を失業保険という形で安定させているのだ。

圧倒的にマンパワー不足の日本

このように、きめ細かく設計された助成金や社会保障など、芸術労働に従事する人たちのセーフティネットが幾重にもあるフランスの文化行政は圧巻ではあるが、調べていると気がつかざるをえないのが、文化官僚の数の多さである。

２０１８年に文化庁が調査した、各国の文化担当省庁における職員数の比較を見ると、日本の文化庁２７７人に対し、韓国９２１人、フランス１５２３人（中央行政組織の職員数）と大きな差が出ている。なお、CNCで働く職員数は、日本芸術文化振興会の２０１９年の調査では４７９人で、映画や映像分野に関する行政機関にもかかわらず日本の文化庁の人数を越えてしまっていることになる。ちなみに日本の人口は両国よりずっと多い。

これは日本の省庁全体の問題だが、とにかく公務員が少ない。２０００年頃から日本の官僚・公務員の数は一貫して減り続けている。

その行き着く先が、２０２３年、マイナンバーをめぐるトラブル対応で河野太郎デジタル大臣の「朝の3時、4時まで残業という者（職員）もいる」という発言だ。職員が朝4時まで働かなければ回っていかない職場環境が放置されていること、しかもそれが国の機関であることにそもそも問題がある。

先述したコロナ禍におけるミニシアター支援のための要請活動である「SAVE the CINEMA」に関わっていたときもそうであった。メンバーは連日のように文化庁と掛け合い、ミニシアターへの支援を訴えていた。4月から支援金を求めて省庁要請を重ねて、その成果も多少はあってか、文化芸術活動の継続支援のための509億円の補正予算が2021年度予算に組まれることになった。それを受け、文化庁の職員は突貫で支援の仕組みを作り発表したが、それは芸能や文化の当事者からすると非常に使いづらく問題も多かったため、私たちはその不備を指摘し修正を求めていった。こういった折衝を繰り返すうちに、段々と文化庁側も「SAVE the CINEMA」の訪問を疎んじ始めていることが空気感として伝わってくるようになる。

それはそうだろう。明らかに睡眠時間を削って働いているであろう職員たちの疲弊ぶりを思えばこちらとしてもつらいのだが、それでも国に要請をしていかないといけないほど、コロナ禍当時の文化芸術関係者は切羽詰まっていた。

結果、本来は適切な量の人員配置や文化支援を行えてこなかった体制の問題であるにもかかわらず、現場レベルで不毛な対立が生まれる悪循環が起きていた。考えてみれば、平時において多少余剰に思えるぐらいの公務員がいなければ、有事に人が回るわけはないのは当然であった。

日本の文化行政は問題だらけではあるが、それは個々の職員の資質の問題ではなく、官僚ひとりひとりが力を発揮し余裕をもって働ける環境を準備できていない国家の責任であるし、それを看過してきてしまった私たち国民の問題でもある。叩きやすいからと公務員を減らし続けた結果、不利益を被るのは巡り巡って国民自身であった。まるで昔話にでもありそうな話であるが、文化行政の改善は、まずは文化官僚の人数を増やし彼らの労働環境を改善することから始めるべきである。

海外との窓口としての「日本版CNC」

また、もしCNCやKOFICのような「日本版CNC」が実現すれば、助成金や支援の設計・運用のみならず、各国の統括機関（110〜111ページ図c参照）との連携の窓口としての役割も果たすことになるだろう。

2023年の5月に開催されたカンヌ国際映画祭にて、アジア映画のグローバルな発展のために共同制作、共同出資、技術交流、人材育成などを目指す7カ国の連携協定AFAN（Asian Film Alliance Network）が発表された。参加国は韓国、台湾、シンガポール、インドネシア、フィリピン、マレーシア、モンゴルである。

私は当時、報道でこの新しいネットワークのことを知り、その趣旨に賛同をしつつ、この並びに日本が入っていないことを残念に感じていた。

しかしその後、同年秋の東京国際映画祭にて、AFANの旗振り役でもあるKOFICのパク委員長が合同カンファレンスを行い、KOFICはこのアジアの映画ネットワークへの日本の参加に向けて事前に文化庁に対して声がけをしていたが、叶わなかった経緯が遺憾の意とともに明らかにされた。

その後、action4cinemaで関係各所にヒアリングを行った結果、日本には今回のような映画に関する国際的な取り組みに対して、他の参加国と同等の受け皿となれる団体が存在しないことと、各省庁や関係団体が案件をたらい回す中で迅速な判断ができなかったことが、投げられたボールを取り損ねてしまった大きな要因であった。

このスピード感の欠如と縦割り行政は、日本に住んでいると諦観とともに当たり前のように受け入れてしまっているが、海外と連携する段においてはそうは言っていられない。日本がより国際化していくためにも、海外の窓口としての役割も果たせる統括機関の存在は必須である。

ARTS for the future! の問題点について

コロナ禍以後、映画に限らず演劇や音楽、美術など様々な分野で政府に対策を求める社会運動が高まり、500億円以上の補正予算がついたことは前述したが、補正予算を得た文化庁が行った代表的な支援事業は「ARTS for the future!（コロナ禍を乗り越えるための文化芸術活動の充実支援事業）」「ARTS For future! 2（コロナ禍からの文化芸術活動の再興支援事業）で、2022年度と23年度の2回にわたり行われた（以下、AFF、AFF2と表記）。

この補助の対象となる活動は「不特定多数の者に公開する公演や展覧会等の活動を行い、チケット収入等を上げることを前提とした積極的な活動」である。

つまり、コロナ禍という災害時の支援にもかかわらず、使途を問わない給付型の支援ではなく「成果物の提出」を必要とする内容であった。ここにまず違和感があった。なぜ、コロナ禍という自然災害で大変な思いをしている中、私たちは成果物を求められなくてはならないのだろうか。それはほうほうの体で避難所に逃げ込もうとしてきた人に対して、その入り口で一芸を求めるようなものではないのか。

この支援の在り方を聞いて、10年ほど前にイタリアで通訳を務める友人から聞いた笑い話を思い出した。彼女はイタリアを訪れる日本企業の視察やビジネスミーティングの通訳をよく行っていて、あるとき、会話の流れの中で日本企業の役員の男性が「働かざる者食うべからず、ですからね」と言ったそうなのだが、それを彼女は咄嗟に妙訳も思いつかず、そのままイタリア語に直訳をして伝えたところ、イタリア人たちは「日本では働かないと食事も与えてもらえないのか」とショックを受けたのだそうだ。

これを聞いたときは「ことわざのニュアンスを翻訳するのは難しいな」と笑ったものだが、考えてみれば、コロナ禍で行われた「AFF」に流れる思想はまさに「働かざる者食うべからず」そのものであった。これは、制度設計を行う官僚たちの思想が反映されているというよりも、多くの議員、政治家、そして日本国民の思想がそのまま制度化されたものと考えたほうがよいだろう。確かに文化支援は福祉とは異なるが、しかし世界的なパンデミック時においてさえ成果物主義に囚われた思想の硬直化にはやはり強い違和感が残る。

またAFF2における映画製作に対する支援の大きな問題点として指摘したいのは、支援対象となる映画の条件として「完成尺1時間以上」「映倫番号を取得」「完成から1年以内に映画館で7日間以上かつ14回以上の有料一般公開」が課せられていたことだ。これはつまり、劇場公開用の長編映画を作らせることと同義である。

一方で、補助上限額は、公演等の従事人員数や事業者の団体規模等に応じて異なるために、多くのインディペンデントの映画作家やプロデューサーが利用できたのが、最小の600万円（従事人員50人未満）の区分であったはずだ。つまり、600万円前後の低予算で劇場公開できるクオリティの映画製作を国が求めてしまったのだ。集団創作である映画製作には多額の人件費がかかることはすでに述べてきた通りで、よほど脚本内容を工夫しない限り、製作費600万円で長編映画を作らせるのは貧困労働を生み出す結果となる。はたして、これが適切な災害時の支援であったといえるのだろうか。

結局、急場しのぎで制度設計をしても間に合わない。平時から有事に備えて制度設計を行わなければならないし、制度設計の重責を担う官僚も十分に雇用しておかないといけない。また、普段は後回しにしがちな観念的な思想・哲学に対する議論と熟成がいかに大切であるかも明らかとなった。平時から十分に成熟させておかなければ、「働かざる者食うべからず」のような素朴でマッチョな教訓が制度設計にまで影を落とすのを許すことになるし、コロナの休業補償の対象から水商売や風俗業界の人たちを外すようなあからさまな職業差別を許すことになるのだ。

議論は、何かが起きる「前」に始めておかなければならない。

ドイツのグリュッタース文化大臣はコロナ禍が広まった2020年3月末に「アーティストは今、生きるために必要不可欠な存在だ」と明言し、芸術文化活動に対して広範な支援を打ち出した。なぜ日本では文化庁長官に同じことを言わせることができなかったのか。それは、文化庁長官個人の資質の問題というよりも、それを言わせるに至るまで十分に、文化芸術の価値について議論をし理解を広めてこられなかった私たち文化関係者の行動の結果でもある。

表現の多様性、当事者の多様性は民主主義に貢献する

繰り返しになるが、文化の多様性、表現の多様性というのは、結局のところ人間の多様

性のことだ。そして、第一章から第三章で述べたように、日本の映画業界は人間の多様性を十分に保てているとはとてもいえない。

かつて文化芸術は、時の権力者や富豪などのパトロンに支えられていた（現代でもその側面は残っている）。第二章で紹介をした東宝争議において、労働組合が反発していたことのひとつは、東宝映画が昭和7年の創設当初から作り続けていた文化映画・教育映画を赤字を理由に「不要不急部門」として部署を解散することが決まったことに対してだった（この言葉は「不要不急」を理由に映画館や劇場が自粛を要請されたコロナ禍を思い出させる）。経済的には必ずしも採算の合わない「多様性」は、余裕のある一企業によってのみ支えられている限り、余裕がなくなった途端、切り捨てられていくことになる。そうはならないように多様な文化、多様な表現は社会によっても支えられていく必要がある。

では、そもそもなぜ、表現の多様性は重要だといえるのか。

結局のところ、それらは民主主義にとって必要であるからだ。

民主主義の意思決定の手法のひとつとして多数決原理がある。それは代表原理よりも深く民主主義の思想と結びついているといえるが、その関係は一義的とはいえず大きな矛盾も抱えている。少々長くなるが『ブリタニカ国際大百科事典』（第三版四刷）から民主主義について引用すると、「万人の自由・平等と矛盾しないためには全員一致の期待がいつもありうるからである。（中略）団体意思の決定は全員一致によるほかなく、単なる多数決が制度化されたのは、なんらかの意思決定の必要にこたえるための便法が受け入れられるようになったにすぎない。したがって、多数の意思が単に多数としてではなく、まさに全体の意思として妥当するというのは、まったくの一つの擬制である。（中略）すなわち多数決 majority rule は常に少数者の権利 minority right と組合されて機能するのであり、後者を無視すれば制度の安定は破綻する恐れがある」のである。

しかし、往々にして民主主義は多数派の意見が民意となり、少数者の意見は社会制度に反映されない。なぜなら、少数者の声はそのままではあまりに小さく、多数派の大きな声に紛れてしまうからだ。

つまり、民主主義が健全に機能するためには、少数者も含めた多様な価値観が目に見え耳に届く形で、社会に顕在化されている必要がある。「私にはどう世界が見えているか」を他者に向けてフィードバックする表現、文化芸術の果たす役割は大きく、検閲の厳しい国ほど民主主義の成熟から遠くにあるのは明らかである。だからこそ、表現の自由は守られるべきなのである。

多様な文化が社会によって支えられる必要性について、そのひとつの答えがここにあると考えている（表現の「フィードバック」としての役割については次章で詳述する）。

なお、芸術家は常に社会的な意義を意識し、民主主義に思いを馳せながら創作を行わなくてはならないのだろうか。そうではない。大事なのは、ただただ個人の衝動や思い、世界を見つめる視点が野放図に表現されることである。ソーシャリー・エンゲイジド・アートに関する文脈においてアーティスト・藤井光はこう書いている。「ここで可視化しなければいけないことは、芸術の自律的な創造性の正体ではなく、社会的な有用性に応える他律的な芸術の「生産体制」ではないだろうか」（アート＆ソサイエティ研究センター／SEA研究会編『ソーシャリー・エンゲイジド・アートの系譜・理論・実践 芸術の社会的転回をめぐって』フィルムアート社）。

芸術に向かう個々人のモチベーションは千差万別で良い。私たちはただ、それらが千差万別のままでいられる環境を整備し、規制なく社会へと開かれること、それだけがただ結果として芸術の公共的価値を高め、民主主義の破綻を防ぎ成熟へと貢献させるのである（なおヘイト表現に関する規制についてはまた別種の議論が必要となる）。

大切なことは、あらゆる属性、社会的階層の区別なく自由に表現できること、その一点である。貧しくても、どんなジェンダーであっても、どんな障がいがあったとしても、表現し発信できること、表現に触れることができること。民主主義は後からついてくる。

第四章　映画の歴史から学ぶメディアリテラシー

他国での映画・映像教育

第三章で「日本版CNC」が担うべき4つの支援の枠組みのひとつとして、「「教育支援」映画作りの未来を担う人材育成、公教育における映画鑑賞の授業の推進」を挙げたが、最後の章では教育に焦点を当てていく。

まずは思い出してみてほしい。皆さんは学校で映画について学ぶ機会はあっただろうか。少なくとも、私が普通教育に通っていた1990年代にはほぼなかった。教材として理科や歴史や語学を教えるために使われるか、あるいはたまに映画鑑賞会が行われていたぐらいだったはずだ。その後、2002年から小中高で「総合的な学習の時間」が、22年に「総合的な探究の時間」が始まったことで、従来の固定化された教科課程と比較し、より特色ある自由な教育内容が可能となった。そこには芸術や表現も含まれ、例えば演劇は演劇関係者の教育現場での地道な実践とアプローチにより、コミュニケーション教育の一環として授業に取り入れられるケースが増えてきたようだが、映画の存在感はまだまだ希薄であるといえる。

映画・映像教育は、大きく分けて「映画・映像を使って他の教科について学ぶ」か「映画・映像そのものを学ぶ」の2つに分かれるが、普通教育においては前者が中心となり、後者は映画学校や芸術大学、専門学校などにおいて主に担われる形となっている。

他国ではどうだろうか。

フランスでは１９８５年に高校の人文系科目オプションに「映画と演劇」が加わり、また89年には高等学校教育の修了を認証する国家試験である、バカロレア試験で映画が選択できるようになった。大学教育においてはさらに早く、すでに１９４０年代から多くの大学で映画が扱われている。

さらに、学校での映画鑑賞プログラムが１９９１年に中学校で始まり、94年には小学校、98年には高校へと拡大された。この映画鑑賞プログラムは、教育省とＣＮＣ、各地の映画館の連携によって行われている。

森田秀二はフランスの映画教育を以下のように整理している（「フランスにおける映画教育(2)」『教育実践学研究』18, 2013）。

1）映画を（教材としてではなく）芸術として扱う。

2）映画的教養を誰にでも（民主的に）身につけさせる［必修］

・「芸術実践」により芸術的感性・表現力を伸ばす。

・「芸術史」の文化的知により映画的教養を充実させる。

・教員チームによる複数教科横断科目

3）芸術実践（映像制作）プロジェクト（芸術アトリエ、ＰＡＣ）［選択：クラス単位の参加］

・教師のイニシアティブによる

・教育へのアーティスト、プロフェッショナルの参加［本物志向、外部との連携］

4）芸術文化の場へ直接赴く（映画館での映画鑑賞）［選択：学校単位の参加］

・ＣＮＣ、ＤＲＡＣとの連携［国と地方の連携、文化政策の地方分権化］

・映画館、プロフェッショナルとの連携［本物志向、外部との連携］

5）教育省と文化省の連携［文化大国としての威信］

6）教員とコーディネータの養成

映画を積極的に教育に導入しているのはフランスだけではなく、たとえば世界で初めてメディアリテラシーを教育に導入したカナダでは、１９８０年代から映画教育が盛んになり、１９８７年からオンタリオ州の教育課程、12歳から18歳までの中等カリキュラム、95年には、６歳から11歳までの第1学年から第8学年までにも導入された。他、イギリスやオーストラリアなど、多くの国でメディアリテラシー教育は行われている。

フランス型の映画教育もカナダやイギリスにおけるメディアリテラシー教育も「映画・映像そのものを学ぶ」に分類されるだろうが、先ほどの森田秀二はそれぞれの映像に向き合う姿勢の内にある差異を指摘している。少し長いがそのまま引用する。

映像教育は別にフランスの専売特許というわけではなく、英国やカナダをはじめとする英語圏でも盛んである。ただ、こうした国はいわゆるメディア・リテラシーの教育が中心である。つまり、我々が意識しないうちに我々の考え方や感じ方までをも支配しうるメディアクラシー（メディア専制）に対して批判的な視点を教育しようとするものだ。フランスの映像教育はこれとは似て非なるもので、最も発達した映像媒介として映画を特権化するのである。そのために教育プログラムには映画関係のプロ（監督、裏方、配給者、映画館経営者、研究者、批評家など）を動員している。20年来の実績というのはフランス国立映画センター（中略）という組織が中心となり、1994年以降行ってきた小中高での映画鑑賞教育を指す。

（森田秀二「フランスにおける映画教育(2)」）

そして、こういったまさに「映画中心主義」的にフランスの映画教育が発展した背景として、「映画を見て映画について語る」（森田「フランスにおける映画教育(1)」『教育実践学研究』17, 2012）ことを是とする戦後フランスにおける強固なシネフィル精神を森田は指摘する。

では、もしこれから日本においてもより映画・映像教育を推し進めていくとすれば、フランス型かイギリス・カナダ型か、どちらに進むべきだろうか。

結論としては、私はハイブリッドであるべきだと考える。メディアリテラシーとしての映像教育を入り口に、やがては映画を含む映像そのものについてその見方や作り方までも学んでいくという流れだ。

フランスの映画中心主義的な映画教育の背景には戦後のシネフィル精神がある、という森田の指摘を紹介したが、さらに言えば、それはシネフィルという用語が生まれる以前の戦前から連なる、批評家ルイ・デュリュックやジャン・ポール・サルトルなどの映画批評の成熟が土壌にあり、さらに戦後のアンドレ・バザンなどシネ・クラブのシネフィル文化へとつながっていく。そこには映画誕生の国であるという自負もまったく無関係ではないだろう。

そういった歴史的背景を持たない日本において、いきなりフランス型の映画中心主義的教育を導入するのはハードルが高く、まずはメディアに対する批判的思考を学ぶメディアリテラシーの文脈からアプローチするほうが自然な流れであるだろう。

1960年代におけるテレビの普及はそれまで映画館のみで行われていた「鑑賞」を各家庭に一般化させ、それはメディアリテラシー教育の必要性を後押ししたが、現在はさらにスマートフォンの普及により「鑑賞」のみならず「撮影」「発信」も誰もが容易に行えるようになった。結果新たな諍いやトラブルが続発している。そういった時代の急速な変化もまた、日本に映像を使ったメディアリテラシーを導入することに正当な意義を与えているといえる。

個人的な目標のひとつに、普通教育に美術や音楽、書道などと並んで「映画」の授業を選択できるようにすることがある。つまり、専門家やプロを育てるための教育ではなく、芸術文化を通じて人生を彩り世界の見方や関わり方を更新していく、日常の一部としての芸術教育であり、映画教育の普及である。

そのひとつの小さな実践として、私は2019年から「映画の歴史から学ぶメディアリテラシー」という授業を都立高校を中心に各地で継続的に行っている。

この授業は、もともとは映画学校の俳優に向けた、映画の歴史の授業として始めたものであったが、次第に映画学校の外で一般向けにも行うようになっていくなかで、メディアリテラシーや表現の意義について考えていく内容へと変容していった。

それが、平成27年度から全普通科高校等に導入された「都立高校生の社会的・職業的自立支援教育プログラム事業」に採択されたことで授業を実施する道筋が開け、途中に休みを挟みつつ、これまで3カ年にわたり約20校、「総合的な学習の時間」「総合的な探究の時間」や「人間と社会」などの時間において授業を行ってきた。

ここからは、その授業で伝えている内容の詳細を掲載する。

普段は90分程度の授業の枠内で話しているため、左記の内容を適宜省略して伝えている。

授業「映画の歴史から学ぶメディアリテラシー」

メディアリテラシーとは何か。改めて国語辞典を見てみると「メディアの仕組みや伝達される情報を理解し、実際に使いこなす能力」とある。literacyとは「読み書きの能力」の意である。つまり、ざっくり言えば「情報の読み解き能力」のことだといえる。以下では、その中でも特に映像メディアに特化して、メディアリテラシーについて考えていきたい。

我々がなぜ学校で国語を学ぶかといえば、日本語をきちんと読み解く能力がなければ、自分の思いをより正確に人に伝えられないし、他者の言葉をより正確に理解することができないからだ。

2024年現在、私たちの日常には20年前、30年前からすると想像もできないほど膨大な量の映像が溢れている。ここ10年足らずの間に、YouTubeやInstagramやTikTokがスマホによって手軽に見られるようになり、あっという間に映像メディアの最前線にいたテレビを旧式のメディアへと後退させていった。

映像は生活のあらゆる場面に入り込み、受動的な鑑賞のみではなく、スマホで撮影し加工しSNSにアップするような、能動的な発信も容易に行えるようになった。映像に触れないで日々を過ごすことのほうが現代人にとっては難しいとさえいえる。だからこそ、映像メディアを読み解き、発信する能力、ひいては「映像の文法」を学ぶことは、社会で不都合なく暮らしていくうえでは必要不可欠な能力となっていく。

現代に生きる大半の人間にとって「映画」は決して映像体験のマジョリティではない。若い世代に限らず、インターネットに親しむ私たちが最も身近に触れているであろう映像はYouTubeなどの映像系SNSから流れてくる投稿動画であり、映画は、数ある映像メディアのひとつ、テレビよりもさらに日常の周縁にある表現だといえるだろう。

基礎研究としての映画

では、なぜ「映画」について学ぶのか。

映画がいつ発明されたか、ご存知だろうか。日本では学校で習うことはあまりないので正確に知っている人は少ないだろう。映画は、1890年前後にフランスやアメリカで発明された（年と場所が曖昧なことについては、のちほど詳述する）。では一方でテレビはどうかというと、一般家庭へ普及したのは1950年以降である。

つまり、映画が発明されて半世紀以上の間、映像とはイコール映画のことだった。作り手の実感として、映像の基礎的な文法のほとんどはこの映画誕生からテレビが普及するまでの半世紀の間に確立したと言っても過言ではない。

もちろん、時代が下って新しい機材やデジタル表現が登場するごとに表現のバリエーションは増えていったが、いわゆる基礎の部分、日本語で言うなら「てにをは」にあたるものはほぼ変わっていない。

つまり映画とは、あらゆる映像分野の「基礎研究」にあたる表現であるといえる。だからこそ、映像について考えるのであれば、まずは入り口として映画について学ぶのは決して無駄ではないだろう。

ニュース映画とプロパガンダ

今はテレビやインターネットで見られるのが当たり前のニュース番組ですら、テレビの出現前は映画館で見られていた。いわゆるニュース映画で、１９５０年頃まで映画本編が始まる前に上映され、当時の世相を伝えていた。ニュース映画を専門とする映画館さえ存在していた。ニュース映画は、メディアリテラシーを考えるうえでは欠かすことのできない重要なピースである。

ニュース映画は日本においても１９００年頃にはすでに製作され、30年には複数の映画会社により盛んに作られるようになっていったが、39年、政府制定の映画法により岐路に立つことになる。この法の目的のひとつには、戦時下においてニュース映画を国威発揚のため国策に沿って統制することにあった。これにより、たとえ戦況が不利にあっても日本が優勢であるかのような虚偽の報道がなされるようになる、いわゆる大本営発表である。

ニュース映画の大衆への訴求力に着目したのは日本に限ったことではなく、多くの国が今も昔も映像をプロパガンダに利用している。戦時中の日本では軍国主義の喧伝が映画を通じて行われ、敗戦後は占領軍のＧＨＱにより、民主化政策の一翼を映画は担うことになる。あるいは、映画を通じて自分たちの政治思想を拡散し、また外敵内敵を攻撃する手段として利用した。いや、国に限らず企業や個人も、である。テレビやネットを開けば、映像を使った企業広告が溢れ、商品やサービスを買うことを勧めてくる。

これだけ映像が利用されるのは、複製芸術である拡散性の高さから世論形成に強い影響を及ぼすことが可能であったゆえだが、その訴求力を支えたのは表現としての映画の強度、「面白さ」に他ならない。実写ゆえの視覚に訴える迫真性や情報伝達性の高さに加え、カメラワークや編集技術は映画誕生以来急速に発達し、複雑な描写や観客の気持ちを惹きつける表現も可能となっていった。何より、それはいかにも真実らしさを湛えていた。この「面白さ」と「真実らしさ」は、映像というメディアをより優れたプロパガンダとして成立させるうえで欠かせない両輪となっている点は、映像と向き合ううえで欠かせない認識である。

カメラ・オブスクラ→写真→連続写真→映画?

あらゆる技術の歩みが漸進的であるように、映画もまた突然変異的に歴史に姿を現したわけではない。映画の前段階、ご先祖様にあたる技術、それが写真である。

結局のところ、あらゆる映像の原理はパラパラ漫画である。映画の場合は一般的に1秒間に24枚、テレビ番組の場合は30枚の静止画が連続して映写され、それが人間の視覚の残像現象の助けを借りて、「動いて」見えるようになる。最近のゲームは1秒60枚が主流で、滑らかに「ヌルヌル動く」のはそれが理由である。

さらに遡ってみよう。写真の原点としてよく取り上げられるのが「カメラ・オブスク

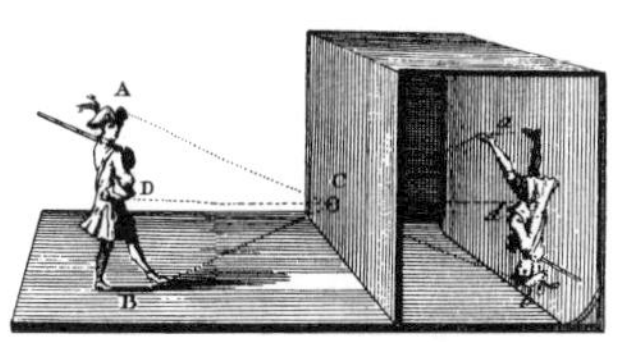

カメラ・オブスクラ
光が直線で移動し、ピンホールで交差し、反対側の平らな面に画像を作成する。

ラ」である。カメラ・オブスクラはラテン語で「暗い部屋」という意味で、紀元前400年にはすでに存在していたといわれる画像投影技術である。昼間、暗い部屋の壁に小さな穴をあけると、その穴から差し込んだ光が部屋の中で交差し、反対側の平らな面に画像を生成する現象のことである。

この「暗い部屋」はヨーロッパにおいて小型の箱となり、開口部にレンズが取り付けられ、画像はより鮮明となった。その外観はまさにピンホールカメラと類似し、カメラ・オブスクラが写真機の誕生につながっていったのは間違いないが、しかしその形状の類似性から写真の前身としてのみカメラ・オブスクラを捉えるのは早計である。

カメラ・オブスクラは小学生の工作程度の簡易さで簡単に作れるもので、映画の授業でも実際に触れてもらうことが多いのだが、カメラ・オブスクラを手にした子どもたちはこの「原始的」な技術に驚くほど楽しそうに目を輝かせる。カメラ・オブスクラを手にした彼らが見つめる先にあるのは、カメラもプロジェクターも媒介としない「生の映像」である。写真や古い図録を用いて説明され、あるいはフェルメールなどの画家が絵画の補助器具として活用していたエピソードが有名でつい忘れがちになるのだが、カメラ・オブスクラは写真の始まりである以前に、「映像」の始まりであるのだ。

カメラ・オブスクラを実際に体験してみると、私たちを取り囲む3次元の景色が不思議な光の現象によって2次元となって投影されるそのこと自体が、人をわくわくさせる特別な「映画」体験であることを実感させてくれる。小さな暗い箱の奥に映る映像はまるでミニチュアの映画館とスクリーンのようだ。映画は発明されてから、まだ130年程度の幼年期の芸術であるが、しかし人類はカメラ・オブスクラの「映像」を通じて、2400年も昔から「映画」の誕生を夢見ていたのだ。

その後、カメラ・オブスクラに着目をしたフランスのジョセフ・ニセフォール・ニエプスが、光が当たると黒く変色する塩化銀の性質を利用し、カメラ・オブスクラに投影された映像を印画紙に定着させることに成功した。1816年のことだった。

こうして写真技術が誕生したが、「写真」と「映画」をつなぐミッシングリンクにあたる重要な表現がもうひとつ存在する。それが「連続写真」である。

連続写真とは、複数の瞬間を撮影した写真のことで、最も有名なのは競馬場に12台のカメラを等間隔に並べそこを走る馬を撮影したエドワード・マイブリッジの１８７８年の連続写真で、マイブリッジは馬に限らず、人間の運動についても多数の連続写真を残している。

パリにある Cinémathèque française（シネマテーク・フランセーズ）という国立の映画博物館のエントランスには、マイブリッジの連続写真が使われている。映画発祥の国フランスの映画の殿堂ともいえる施設の入り口にこの写真が堂々と採用されていることは、マイブリッジの連続写真が映画史において「映像の起源」と捉えられていることを端的に示している。

ここで一枚の絵画を見て

マイブリッジの馬の連続写真

テオドール・ジェリコー『エプソムの競馬』

もらいたい。

この絵は1821年にロマン派絵画の先駆者といわれるテオドール・ジェリコーによって描かれた『エプソムの競馬』という作品だ。西洋絵画の本流を汲み、非常に精緻に写実的に描かれているが、この絵のどこかがおかしいことにお気づきだろうか。

そう、馬の足が空中で前後にまっすぐ伸びているのだ。マイブリッジの連続写真をすでに見てきた私たちは、馬はこういうふうには走らないことを知っている。写実的に描かれているがゆえに気づいた後の違和感は大きいが、画家を責めるのは酷というものだろう。写真のなかった時代、全力で走る馬の速過ぎる足の回転を正確に観察することは容易ではなかった。だから、19世紀以前の絵画における走る馬の足は画家の想像力によって補われながら描かれていて、まちまちなのである。

そもそも、マイブリッジの連続写真も馬がどのように走っているかの論争に答えを出すために行われたといわれる。結果、「馬の走り方」を人類は知り、世界の見え方を更新するに至ったのだ。たかが馬の走り方ではあるが、この意味するところは大きい。つまり、**私たちの手にする技術や表現は世界に対する私たち自身の認識に影響を及ぼす**のだ。

写真銃の暴力性

連続写真について、もうひとり紹介したい。マイブリッジが馬の連続写真を撮影した4年後、フランスの生理学者で医師のエティエンヌ・ジュール・マレーが「写真銃」を発明した。物騒な名前であるが、まずは実物の写真を見てほしい。

マレーの発明した写真銃　1882年発明

写真銃で撮影された水鳥

人によっては率直に「かっこいい」と思うだろう、名前通りのデザインをしたカメラである。上の丸い部分にフィルムが装塡されていて、被写体に銃口を向けて引き金を引くと連続写真が撮れる仕組みとなっている。撮られた写真はマイブリッジの連続写真と異なり、被写体の運動の軌跡を同一視点から一枚の原板上に多重露光する形で記録される。彼の撮影した水鳥が水辺に降り立つ有名な写真は、今見てもとても美しい。

鳥を撮影するために写真銃を向けるマレーの姿は想像するだに狩猟そのものであるが、実際英語の「shoot」には「銃を発砲する」と「撮影する」の2つの意味がある。写真銃が元になってshootに撮影の意味が付与されたのかどうか、定かではないが、いみじくもマレーの写真銃は、被写体にカメラを向ける撮影行為の持つ緊張感、ある種の暴力性を意図せず象徴している。

誰でもカメラを突然向けられれば緊張をするだろうし、ときに嫌な気持ちにもなるだろう。その嫌な気持ちから自分を守るための権利が明文化されたものが肖像権であり、つまり自分の顔や姿態をみだりに「撮影」や「公表」などされない権利である。著名人や有名人には財産権としてのパブリシティ権があるが、著名人ではなくとも個人の姿や情報など、私生活上の事柄を守るための権利としてのプライバシー権が存在する。

こういった権利の侵害は、ネット社会の浸透、SNSの普及、カメラ撮影の日常化によって、より身近な問題となっていった。

カメラを人に向ける行為はときに暴力につながることを忘れてはならない。

映画の誕生

遠回りしたが、ようやく映画の誕生である。

有人飛行機や電話しかり、科学の発明は不思議と同時多発的に発生しがちであるが、映画もまた19世紀末にアメリカとフランスでほぼ同時期に発明された。

アメリカで映画の発明者として知られるのは、超がつくほどの有名人、発明王のトーマス・エジソンである。エジソンは1893年にブルックリンで世界初の映画を公開実演し、翌94年にはニューヨークで一般公開した。では、フランスで映画を発明したのは？　エジソンに比べると知名度はだいぶ落ちる、オーギュストとルイのリュミエール兄弟である。彼らはパリで1895年に映画を一般公開している。

つまり、リュミエールよりエジソンのほうが2年早く映画を発表していることになるが、にもかかわらず、映画の歴史において一般的に「映画の父」と呼ばれ、より重要視されているのはリュミエール兄弟である。なぜだろうか。それは両者の発明した映画の在り方に

キネトスコープ

シネマトグラフ

グランカフェでの上映会ポスター

決定的な違いがあったからだ。

エジソンが発表したのは「キネトスコープ」というものだ。写真の通り木箱についている覗き穴から中を覗くと映画が見える、つまり一度にひとりしか見ることのできないものだった。

対してリュミエール兄弟が発表したのは「シネマトグラフ」だった。映画の撮影と映写を兼ね備えた装置の総称で、パリのグランカフェに観客を集めて映画をスクリーンに投影し、世界初の映画上映会を行った。上映会の様子を伝える当時のイラストには、椅子に座った観客たちと映写機、その奥に白いスクリーンが描かれ、上映開始を待つその光景は現在の私たちが通う映画館とそっくりである。観客は席料として1フランを支払ってさえいる。

つまり、映画を撮影しただけではなく、今の映画館に通じる鑑賞体験そのものを生み出したのがリュミエール兄弟であり、だからこそリュミエール兄弟は「映画の父」として名を残しているのだ。

余談となるが、映画は光がなければ撮影できないし、映画館の暗闇でスクリーンに映画を投射するのも光によって行われる。そんな「光と影の芸術」である映画を発明した兄弟の名リュミエールは、フランス語で「光」という意味を持つ。そんな、あまりに出来過ぎた美し過ぎる偶然が、リュミエール兄弟の名を映画史においてより神秘的で崇高なものにしていったのだろう。

さらに余談を。実はエジソンやリュミエール兄弟よりも前に映画を発明した者がいる。ルイ・ル・プランスというフランス人だ。彼は1888年に世界初の映像を撮影しているが、撮影した映像は家族や親しい友人にしか見せておらず、一般公開していなかった。そのために長らく映画の発明者として名前を残していなかったが、近年は再評価の気運が高まり、リュミエール兄弟と並び「映画の父」と呼ばれるようになった。

『工場の出口』はドキュメンタリーか

ウィキペディアの「映画史」の項目には、以下のような説明がある（2024年2月現在）。

リュミエール兄弟らが公開した世界最初の映画群は、駅のプラットホームに蒸気機関車がやってくる情景をワンショットで撮(ママ)したもの（『ラ・シオタ駅への列車の到着』）や、自分が経営する工場から仕事を終えた従業員達が出てくる姿を映したもの（『工場の出口』）など、計12作品。いずれも上映時間数分のショートフィルムだった。初めて映画を見る観客は「列車の到着」を見て、画面内で迫ってくる列車を恐れて観客席から飛び退いたという逸話も残っている。これらの映画の多くは単なる情景描写に過ぎなかったが、やがて筋書きを含む演出の作品が作られるようになった。

説明文に登場する『ラ・シオタ駅への列車の到着』（以後、列車の到着）も『工場の出口』も1895年に公開された50秒前後のモノクロ短編無声映画で、リュミエールによる世界初の映画として最も有名な、伝統的な作品たちである。

これもメディアリテラシーの入り口というべきか、ウィキペディアは便利だが信用し過ぎてはいけない、の見本である。

まずシンプルな誤りとしては、「いずれも上映時間数分のショートフィルムだった」という部分で、初期の映画はフィルムの長さの都合から50秒程度が限界で、数分も撮影はできなかった。

これはまあ単純なミスといえなくもないが、より注目すべきは最後の一文である。「これらの映画の多くは単なる情景描写に過ぎなかったが、やがて筋書きを含む演出の作品が作られるようになった」という点についてである。たしかに、リュミエールが撮ったものはしばしば「ドキュメンタリーの始まり」というような言われ方をされる。実際、『列車の到着』や『工場の出口』それぞれのウィキペディアにもはっきりと「白黒サイレント短編ドキュメンタリーフィルム」と明記されている。

しかし、本当にそうだろうか。

ここで、リュミエールの作品を見直すための準備として、映画の持つ特性について、技術的側面と芸術的側面から確認していきたい。

【技術的側面】

①モノクロ、サイレント（映画が本格的にカラーになったのは1930年代、トーキーになったのは1927年の映画『ジャズ・シンガー』からである）
②固定撮影のみ（撮影をしながらカメラの首を振ったり移動させたりはまだできなかった）
③約50秒しか撮影できない（当時のカメラが収納できるフィルムの長さの限界であった）
④無編集（撮影を始めてから終えるまでが作品のすべてである）
⑤カメラは大きくて珍しい（今の携帯カメラと比べればもちろん大きくまた希少なものだった）

【芸術的側面】

リッチョット・カニュードは1911年に著した『第七芸術宣言』にて、映画の持つ特性の定義を試みている。既存の芸術をまず大きく6つに分け、それぞれを時間芸術（音楽、詩、舞踊）と空間芸術（建築、彫刻、絵）に分類し、それらと比べ遅くに花開いた映画を、時間と空間を総合する第七芸術であるとした。

さて、これらの基礎知識を踏まえたうえで『工場の出口』をもう一度見直してみよう。大きな工場の扉が開き、中からたくさんの工場の従業員たちが現れる。

まず、この冒頭の数秒ですでにこの作品が一般的な意味でのドキュメンタリーではないことに気がつくはずだ。【技術的側面】④の通り、当時の映画は編集がされていない。つまり、長く回してちょうど良いタイミングで編集でカットして映画を始めることはできない以上、この冒頭を成立させるためには、ドアの後ろで人々を待機させ撮影とともに号令をかけなければまず不可能である。

また、【芸術的側面】について見てみると、大きなドアと小さなドアを左右に配した絵作り、モノクロなので明るいところは白く、暗いところは黒く映るが、その配色のバラン

『工場の出口』より

スがとても美しいことに気がつく。ここには絵画的な、空間芸術としての意識がはっきりと感じられる。次に、帰宅する従業員たちが綺麗に左右に分かれていくことに気づくだろう。その均質な運動によって、全体にシンメトリーな絵のバランスは最後まで崩れることがない。普通に考えれば、たまたま左右均等に従業員たちの帰宅先があったと考えるよりも、右に行く人、左に行く人、その動線があらかじめ指示され決められていたと考えるほうが自然であるだろう。

次に時間表現の観点から見てみると、まず「扉が開き従業員が出始め、全員が出終わってから扉が閉まり映画が終わる」全体の構成そのものに時間をどう活かすかへの作り手の意識が強く感じられる。

なぜなら【技術的側面】③にあるように当時は50秒以上の撮影はできなかったため、この構成を成立させるためには、従業員を自然に歩くに任せていてはだめで、もし歩速が速過ぎたり人数が足りなかったりして30秒ぐらいで人が出切ってしまえば、その後の20秒間は何も起こらないただの扉を見続けることになる。逆に歩みが遅過ぎたり人数が多過ぎたりすれば、従業員がゾロゾロ出ている最中にフィルムが尽きてしまい、「最初に扉が開き、最後に扉が閉まる」構成的意図が成り立たなくなる。50秒を無駄なくフルに使うためには、人々が扉から出るスピードやタイミングを相当な精度でコントロールしなければならない。ここにはあらかじめ計画された段取りがあること、リュミエール兄弟が事前に十分なリハーサルを行ったであろうことが察せられる。

他にも、ちょうど尺にして真ん中あたり、そろそろ観客も飽きてくるかなという頃合いに、犬に追いかけられおっちょこちょいな雰囲気の従業員が飛び出してくるコメディタッチな展開があったり、最後のほうでは当時最先端の乗り物である自転車が登場するあたりにも、観客を飽きさせまいとする時間芸術としての工夫がある。

さらにもうひとつ、注意深く見ていくと、この映画がフィクションである決定的な特徴が画面に顕れていることに気がつくだろう。よく映像を見て考えてほしい。気がつけただろうか？

比較のためにこの画面を見てもらいたい。

『ワーカーズ』より

１９００年頃に撮影された『ワーカーズ』という作品である。ミッチェル&ケニヨンというイギリスの映像作家の作品だが、この抜粋の写真を見れば『工場の出口』がいかにフィクション性が高いかがよくわかる。

そう、『ワーカーズ』には興味深そうにカメラを見てときに手を振る人々の反応が映し出されているのに対し、『工場の出口』に出てくる従業員は、決してカメラを見ないのである。

【技術的側面】⑤のように、当時のカメラは今のスマホカメラやハンディカメラとは異なり大きく珍しいものので、また常にカメラマンが横にいて操作をしなければ撮影ができないため、隠し撮りは難しい。従業員の立場になれば、扉が開いて突然目の前にカメラがあればまずはそれを見るのが自然であるが、『工場の出口』の人々は決して、頑ななまでに、カメラがあるはずの前方を見ようとはしない。つまり、出演者に対しリュミエールから「カメラを見るな」という徹底した演出がなされていたであろうことが察せられる。

以上の点から、リュミエールの作品が決して「演出」も「筋書き」もない「単なる情景描写」ではないことは明らかである。リュミエールの作品は、カニュードが映画の特性として分類した時間芸術・空間芸術の両側面を内包する形で映画が誕生したということ、そして映画は生まれた瞬間からフィクションであり、演出があり、俳優がいて、「嘘」があったことも教えてくれる。これらは映像の本質を理解するうえで重要な歴史的な事実である。

映画は、世界を知るための窓だった

リュミエールの映画は大成功した。グランカフェ最初の上映の観客は33名に過ぎなかったが、熱狂的な観客による口コミで評判となり、すぐに連日2000人以上の観客が押し寄せるようになった（永冶日出雄「映画の創出とルイ・リュミエール（その2）」）。

世界初の映画〝興行〟を成功させたリュミエールが次に仕掛けたことは、世界中にカメラマンを派遣することだった。ヨーロッパや中東、日本も含むアジアの各国で撮られた映像をフランスに持ち帰らせ映画館で興行したのだ。

　当時は今のように旅行は容易ではなく、国をまたいでの移動となれば輪をかけて一般市民には高嶺の花だった。そんな中、世界中の景色や異なる国の人たちの表情に触れることができる「世界を知るための窓」として、映画はさらに好評を博した。

『寺院の前で小銭を拾う安南の子どもたち』より

　この「世界を知るための窓」という特性は、現在においても実はそれほど変わっていない。我々はテレビやパソコンやスマホを通して世界中の映像——様々な国の人々の生活や表情、世界中で起きている様々な事件や紛争の様子——を見て、楽しいことも悲しいことも共有することができるからだ。

「世界を知る」とは、ただ単に遠い地の景色が見られるだけではない、ときに映像はカメラに写らないものまでも写して差し出してくる。

　上のリュミエールのカメラマンによる映像のひとつを見てほしい。

これはヴェトナムの映像である。この映像を見て、何か嫌な気持ちを抱いた方もいるのではないだろうか。白い綺麗な服を着た貴婦人が、現地の人々であろうか、全体に黒っぽい服を着た人たちに何かを投げて寄越している。これは『寺院の前で小銭を拾う安南の子どもたち』という作品で、安南とは仏領インドシナ時代のヴェトナムの呼称である。総督夫人とその家族が微笑みながら子どもたちに小銭を投げ与えている。まるで動物にエサでも与えるかのように。夫人らの影に浮き上がるような白いドレスと子どもたちの黒ずんだ服装の対比はそのまま貧富の格差、支配と被支配者の格差を象徴するようで、強烈である。

このわずか50秒の映画は結果として、西欧の国家におけるアジアの植民地支配の現実とそこにある歪みを図らずも伝える貴重な記録となっている。これを撮影したカメラマンにどれほど批判意識があったのか、または当時の観客がそこに気がつけていたかは不明であるが、結果としてフランスの植民地支配のひとつの暴力的な側面がパリの観客に届けられていたのである。

映画とはあらゆる意味において「世界を知るための窓」であったのだ。

そう考えてみると、KOFICでの「多様性映画」の助成条件の中に「他国の文化や社会に対する理解に役に立つ映画」があり、植民地政策の時代を経たフランスCNCの映画館の助成対象に「各国の映画のプログラミング」をすることが含まれているのは映画の本質をよく表していて、とても理に適っている。

「表現」とはフィードバックである

「世界を知る」ことについて、もう少し考えてみたい。映像は数ある表現手段のひとつであるが、そもそも「表現」とは何か。文学も美術も演劇も政治的意見もすべては表現であるといえるが、私はこれを「フィードバック」と捉えている。

フィードバックとは、辞書的に説明するなら「出力（結果）を入力（原因）側に戻す動作のこと」だ。

つまり「私にはこういうふうに世界が見えている」ことを形にして、「世界に戻していく」作業こそが表現である、と考える。では、そもそも世界とは何だろうか。

「世界」をできるだけシンプルに次ページの図①のように図式化してみた。丸だったり三角だったり四角だったり、多様なものが雑多にあるイメージだ。しかし、これだけでは「世界」を説明できるとはいえない。ここで図②のように3名の視点を導入してみた。

Aさん、Bさん、Cさんはそれぞれが視覚や聴覚、味覚や触覚を通じて世界を認識している。

その3人が見ている世界のありようは、三者三様だ。Aさんには丸3つで構成された世

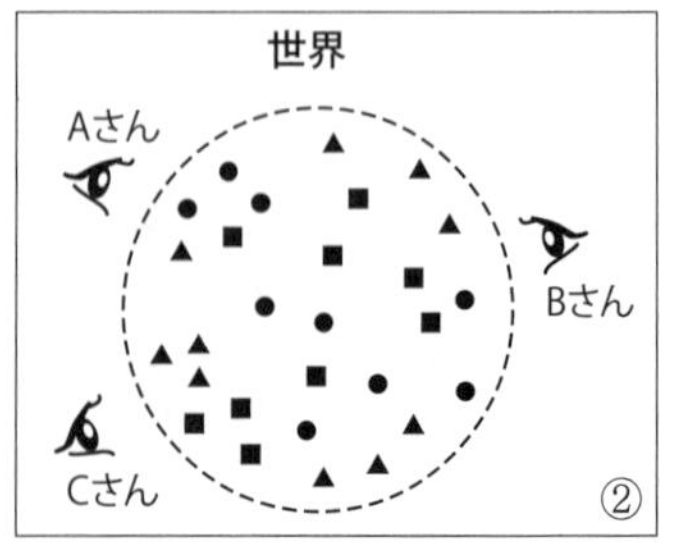

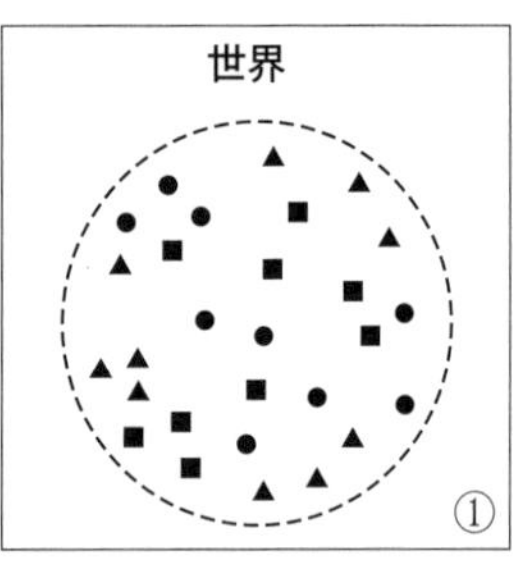

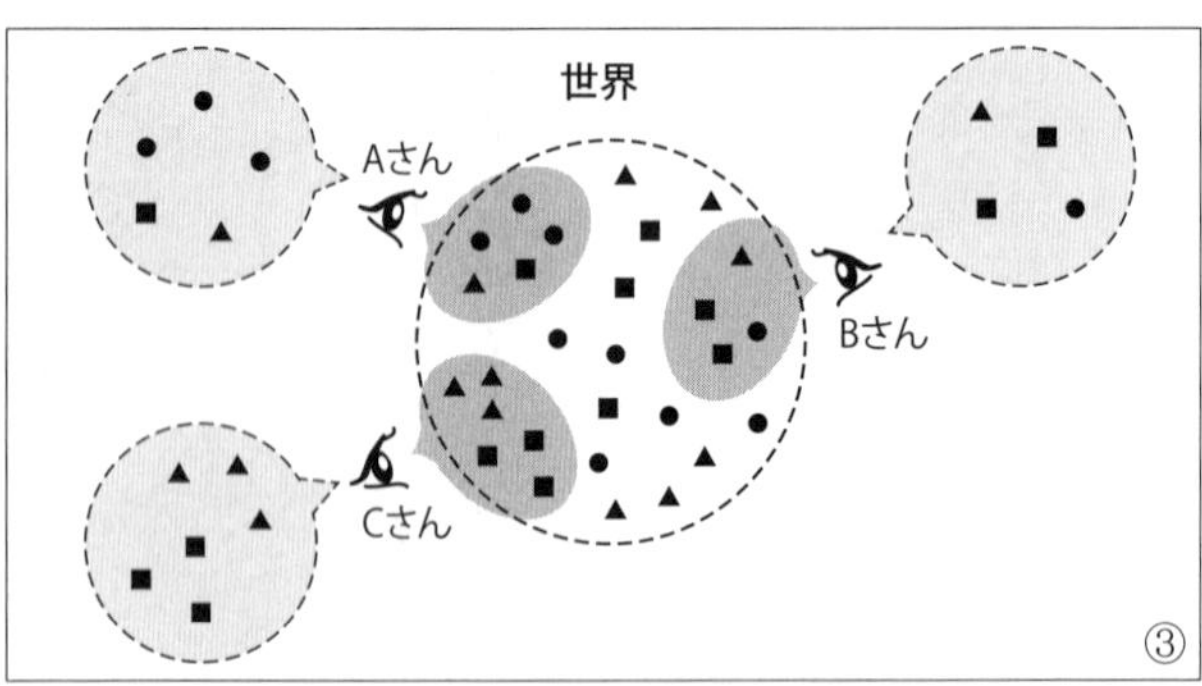

界が見えている、Bさんには三角ひとつと四角2つと丸ひとつの世界が見えている、Cさんには三角3つと四角3つの世界が見えている（③）。

これは例えば、出身国に置き換えれば理解しやすい。アメリカで育つか、イランで育つか、日本で育つか、それによって見えている景色は当然異なってくる。国まで広げなくとも、仮に同じ町内に住んでいても、貧しい家か、裕福な家に生まれるかでも見える世界が異なるだろう。いや、たとえ同じ家庭内に生まれたとしても、兄弟姉妹で見え

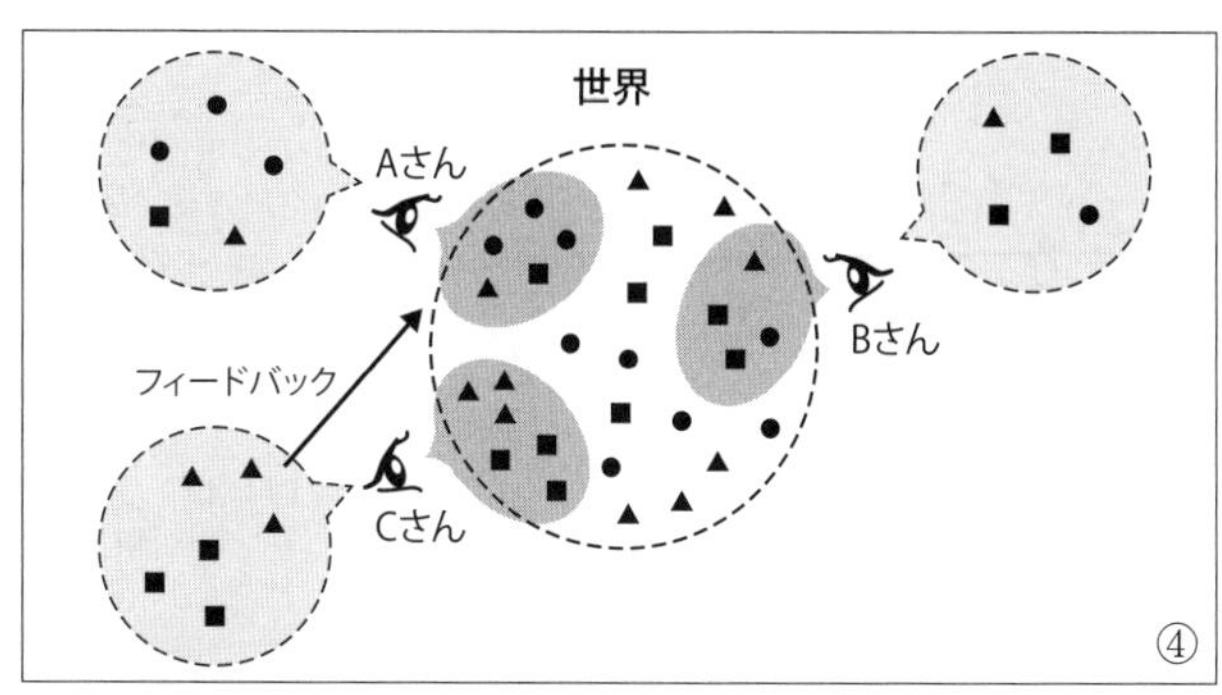

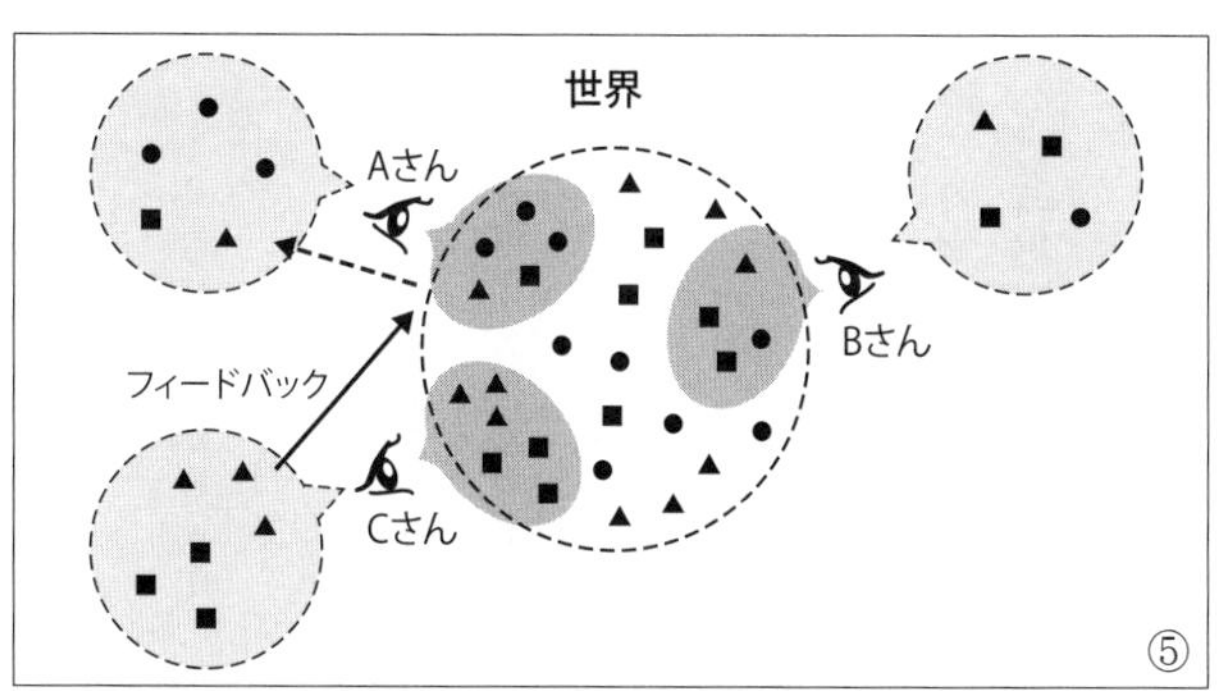

ている世界は違うはずだ。
　国の違い、人種の違い、宗教の違い、あるいはジェンダーの違い、私たちは様々な差異を抱えて生きている。多くの男性にとっては何気ない住宅街の夜道であっても、もしかしたらある女性にとっては不審者やひったくり、痴漢を連想させる不安な道に見えているかもしれない。
　我々は結局のところ、たとえ親しい間柄であっても、隣の人に世界がどういうふうに見えているか、分からない。ただ、想像することしかできない。

ここで「表現」が意味を持つ。

例えばCさんが「自分にはこういうふうに世界が見えている」と、文学なり、音楽なり、絵画なり、あるいは映画にして表現（フィードバック）する（④）。

そのCさんが表現したCさんなりの三角と四角を、Aさんが見たり触れたり鑑賞したりすることによって、丸しかなかったAさんの世界に、三角と四角が入ってくる（⑤）。Aさんは「Cさんにはこういうふうに世界が見えているのか」と認識できるようになるのだ。

これこそが表現の持つフィードバックの力であり、私たちはこうして相互理解を少しずつ獲得し深めていく。

「黒人にはこういうふうに世界が見えている」

例えば人権問題やジェンダー問題に目を向けてみよう。

アフリカ系アメリカ人として初めて詩集を出版した人フィリス・ホイートリー（1753〜84）という女性詩人がいる。西アフリカ出身の彼女は幼少の頃に奴隷としてアメリカへ連れてこられたが、主人に読み書きを習って詩作を始めた。また、小説家・劇作家・歴史家のウィリアム・ウェルズ・ブラウン（1814〜84）はケンタッキー州レキシントンの大農園で奴隷として生まれたが、彼は自身の奴隷体験を創作に反映し、後年は奴隷廃止論の講演者として知られるようになった。

ふたりが生きた時代のアメリカは完全に白人社会であり、「世界」は圧倒的に白人の視点からしか認識されていなかった。

しかしふたりは、「私にはこういうふうに世界が見えている」と、彼ら自身の主観によって描いていった。それは白人の手による創作物からは抜け落ちていた視点だ。

1939年に公開されてアカデミー賞を席巻したアメリカ映画『風と共に去りぬ』が昨今批判されるのは、劇中に登場する黒人奴隷がまるで黒人奴隷であることを肯定的に受け止めているかのような陽気さをもって描かれているからだ。そのような見方は白人目線、白人によって作られた都合のいい世界観でしかない。

1915年に公開されたアメリカの無声映画『國民の創生』は、映画の基本的な文法や撮影法を確立したD・W・グリフィスの監督作にして、映画史を語るうえでは避けて通ることのできない最重要作品として知られている。公開当時大ヒットを記録した。ホワイトハウスで初めて上映された映画でもある。

しかし、その内容はかなり人種差別的だ。南北戦争とその後の時代を背景に、黒人に妹を殺害されたと思い込んだ主人公が、ＫＫＫ（クー・クラックス・クラン）の仲間とともに黒人による「暴動」を制圧してハッピーエンドとなる。ＫＫＫは現在もあるアメリカの白人至上主義団体である。時代設定は黒人の奴隷解放が進んだ南北戦争（１８６１〜65）後、選挙権を得て政治権力を持つようになった黒人を悪役として描いており、当時の白人感情——黒人の社会進出を面白く思わない——が露骨に「フィードバック」されていると言っていい。

なおこの種の感情は、現代でも根強い。今まで差別されてきた人間が権利を回復して社会に進出していく過程で、既得権益を享受してきた層にヘイト感情が生まれる、といった構図だ。

これらの作品は、「私には世界がこう見えている」を描く表現のフィードバックは、ときに暴力的な差別感情をも他者に曝け出してしまうことを教えてくれる。

『國民の創生』から『ブラックパンサー』まで100年

『國民の創生』は白人の製作陣によって作られた、当時の白人社会からの典型的なフィードバックのひとつである。プロデューサーも監督も脚本家も白人で、黒人役でさえ、顔を白黒塗りにした白人俳優によって演じられた。『國民の創生』に限らず、当時は黒人役を白人が演じるのは一般的で、いわゆる「ブラックフェイス」である。数年前、日本のバラエティ番組が芸人の顔を黒塗りにして黒人俳優に扮させたことが大問題になったことは記憶に新しい。

表現の現場における当事者性の欠如は、何重の意味でも差別につながりやすく、注意が必要である。『國民の創生』で黒人を演じている白人の演技は、無声映画の特性で身体表現が大振りであることと相まって、当時の白人社会が差別的にイメージしていたであろう「不気味な黒人」像が誇張され演技にトレースされている。

当事者ではない者が当事者を演じるとき、往々にして起きやすいイメージの単純化は容易に偏見や差別へとつながっていく。この議論は現在においても、障がい者の役やトランスジェンダーの役における当事者性の問題へと引き継がれている。

時代は進み1970年代には、ブラックスプロイテーションと呼ばれる、アフリカ系アメリカ人を客層に想定した黒人監督、黒人スタッフ、黒人音楽による映画が作られ始め、これらは概ねいわゆるB級作品であったものの、やがてスパイク・リー監督に代表される90年代以降のブラック・ムービーへとつながっていった。

そして2018年、監督・キャスト・スタッフの大半を黒人で固めて製作されたアメコミ映画『ブラックパンサー』が、北米で当時史上最高の興行成績を獲得し、アカデミー作品賞にもノミネートされた。『國民の創生』からここまで100年を要したわけだ。もちろん、現在においても黒人差別はなくなってはいない。しかし当事者による表現の重要性が浸透し、実現され、社会を変えていった積み重ねがこの100年には詰まっている。

先ほどshoot（銃の発砲、撮影）に絡めて映像の持つ暴力性の話をしたが、「表現」はおしなべて暴力性を秘めている。表現者の中にある差別意識が――それを意識しているか、していないかにかかわらず――ときに表現としてフィードバックされ、誰かを傷つける危険性を常に孕んでいることを、あらゆる「表現者」は忘れてはならない。

ステレオタイプから離れるために

『國民の創生』は、物語のみならず黒人に扮した白人俳優にわかりやすくデフォルメした演技をさせることによって黒人を差別した。

こういったことは何も100年前まで遡らずとも、現在でも頻繁に起きている。

2020年6月、国際ニュースや社会問題をわかりやすく嚙み砕いて伝えるNHKの番組『これでわかった！世界のいま』が、番組公式SNSにあげたアメリカにおける黒人の現在について解説する動画が、多くの批判を浴びて削除される出来事が起きた。黒人のジョージ・フロイド氏が白人の警官に取り押さえられ窒息死した痛ましい事件をきっかけに、全米の「ブラック・ライブズ・マター（ＢＬＭ）」運動を勢いづけた、いわゆる「ジョージ・フロイド事件」について説明するアニメーションで「筋骨隆々で威圧的でちょっと怖そう」という、いかにも人種的なステレオタイプに基づいて黒人男性が描かれていたのである。

この番組の姿勢から感じ取れるのは、悪意の有無よりも「わかりやすさ」「面白さ」を求める工夫が、人種差別的なイメージの無批判な選択と拡散につながってしまった表現の持つ危うさである。

ニュース映画のくだりでも述べたように、映像がプロパガンダとして強い影響力を持つ背景には「面白さ」「真実らしさ」がある以上、「面白ければ良い」ではダメなのである。

このような一面的、差別的なフィードバックは、どうしたら回避できるのか。

もちろん、差別しないために差別や社会についてひとりひとりが学んでいくことが最も大事であるが、「どう表現するか」手法の段階でできることもある。

東京を説明しよう

例えば、東京のことをまったく知らない外国人に「東京」を伝えるのにはどうすればいいだろうか（なお、この先の内容は授業を行う地域に合わせてご当地の地名に変更をする。今回は便宜的に東京の内容で紹介をする）。

a

b

東京についての統計データを示したり、歴史について話したり、方法は色々あるだろうが、やはり分かりやすいのは画像や映像を見せることだろう。

例えば、上に載せたaの写真を見せればどうだろうか。

この写真一枚で「東京はこんなに大都会なのか」と伝わるはずである。では、bの写真を見せたらどうであろうか。

これは井の頭恩賜公園の写真であるが、これを見た外国人は「東京はこんなに自然が豊かな場所なんだ」と思うだろう。

どちらも写真は真実であるが、しかし「都会としての東京」も「自然豊かな東京」も一面的なイメージでしかなく、写真一枚で説明するには限界がある。一枚で説明しようとせず2枚とも見ることでようやく「都会も自然もある東京」と少し正確さの増したイメージ

1

2

3

4

5

となる。

そこで、ごく簡単な「東京のプロモーション用のスライド」を作ってみたので見ていただきたい（上の1〜5）。

たかだか5枚の写真ではあるが、少しは東京の色々な側面が見えやすくなったのではないかと思う。

物事を単純化すると確かに分かりやすいが、しかしそれはときにステレオタイプに陥る危険がある。それを避けたければ、物事を多角的に伝えることを心がけることが大切である。

ここまで書いて、実は上の写真に一枚、東京で撮られていない写真、つまりフェイクの情報が混ざっていたことに気がついただろうか。どの写真か分かるだろうか？スライドを見直して少し考えてみてほしい。

正解は3で、これは福岡の大濠公園である。事前に井の頭恩賜公園の写真を見せたのはいかにも引っ掛け問題っぽいが、井の頭公園で遊んだりデートをしたことのある人は、スワンボートの形が違うことに気がつけたかもしれない。ちなみに1は浅草・雷門、2は渋谷、3は昭和記念公園、5はこれも引っ掛けで、高尾山（東京都八王子市）である。富士山が大きく見えているので、東京で撮られていないと考えた方が多かったのではないか。
これは単純に望遠レンズ、いわゆるズームで撮られているため、遠くにある富士山がこれほど大きく見えているのだ。

あらゆる映像には意図がある

『工場の出口』が演出の施されたフィクションであると気づけるリテラシーを得るためには、「当時のフィルムは50秒しか撮れない」「編集はできない」などのカメラや撮影の技術に関する知識が重要であったように、この富士山の写真についても、もしカメラの性質について知っていれば、東京からでも撮れることに気がつけたかもしれない、撮影の裏側を知っているかどうかで、メディアの見え方は変わってくる。2020年にコロナ禍が拡大し、緊急事態宣言が出ていた頃、あるひとつのニュースが広まった。政府から不要不急の外出への自粛要請が出ているにもかかわらず、ある街の商店街は人混みで賑わっていることを伝える報道であった。そこには、アーケードの商店街に人がごった返しているような写真が掲載され、瞬く間にその街への批判が集まった。

しかし、この報道に対してカメラの知識がある人ほど警戒心を抱けたのではないだろうか。

上の2枚の写真を見てほしい。The Guardian に紹介された2枚の写真である。

下は400ミリの望遠レンズでしゃがんで撮影したもの、

引用：The Guardian　Picture imperfect: why photos of 'crowded' beaches may not be what they seem
撮影：Carly Earl / The Guardian

上は24〜70ミリレンズで立って撮影したもの。「ミリ」というのは焦点距離のことで詳しい説明は省くが、とにかく同じ場所であっても撮り方によってこれだけ見え方が変わってくる。もっと言えば、意図して印象を操作することができてしまう。

メディアリテラシー教育の目標のひとつは「批判的思考」をひとりひとりが身につけることであり、その前提として求められるのが、「主体的に映像を見る」習慣である。

リュミエールの『工場の出口』がフィクションである特徴がどこにあるかを問われた後や、あるいは「1枚だけ東京ではない写真があります」と言われてから見たときのほうが、受け身ではなく注意深く、つまりより主体的に情報と向き合えていたのではないだろうか。日々流れてくる大量の映像を「主体的に受け取る」ことは、メディアリテラシーを育むための第一歩である。

そして、「何が写っているか」を意識するのと同じぐらい「何が写っていないのか」が重要である。例えば、先ほどの5枚のスライドを紹介する際に私は「東京のプロモーション」と付け加えた。つまりこれは、東京の広告なのだ。広告である以上、そこには「伝えたい綺麗な東京」しか選ばれていない。例えば経済的な貧困から住む家を失ったホームレス状態の方は、ここには絶対に写ることはない。

発信者は意図的に情報を取捨選択していることを忘れてはならない。

先ほどの4の公園の写真は単なる間違いであり、いわばフェイクの情報である。フェイクニュースに対しては当然警戒が必要だが、一方でこの言葉自体にもある種の危うさが潜む。つまり、世の中にある情報をフェイクかそうではないか、「正しいか」「正しくないか」に二分する思考へと誘引する危うさだ。より大切なことは、あらゆる映像、あらゆるメディアの背後には発信者がいて意図があるということだ。これはもう、良いか悪いかではなく、本質的にそうであると受け止めるしかない。カメラを右へ向けるか、左へ向けるかで、見えてくる景色は変わる。発信される映像が変わる。あらゆる映像には意図があり、取捨選択の積み重ねられた結果として、私たちの元へと届けられている。

ニュース番組もそうである。1時間のニュースで扱える事件の数はせいぜい10本程度だろう。しかし、当然世界では強盗から戦争まで、数え切れないほどの「事件」が起きている。ニュースで報道される内容は自動的にピックアップされているわけではなく、それを決める編成やディレクターなどの人間が決めている。だからニュース番組に意味がないわけではなく、そういったことを前提として理解したうえで視聴していかないといけない。

楽しい映像、リズミカルな映像ほど、視聴者を映像に没入させ、ときに思考させる隙さえ与えない。ある種のハリウッド的な娯楽映画がそうであるし、YouTubeやTikTokのショート動画の麻薬的な面白さたるや！　しかし、私たちはときに映像を前にして、まずそこに何が被写体として選ばれ写されているのか、じっと見る必要がある。そして、何が映っていないかを考える必要もある。表現者の感情や欲求、思想や哲学、偏見や差別が見えてくるかもしれない。そして、その映像が人々や自分にどのようなインパクトや影響を与えているのか、与えようとしているのか、それにより表現者は何を得ようとしているのか、そういったことに目を向けることができるようになるだろう。それはそのまま、自分自身が世界に向けて何をどのように表現し発信するべきか、その学びへとつながっていくはずだ。

あとがき

本書の構成成分は何か？　と問われれば「実感」だと答えるだろう。

映画ばかりを見て育ち、19歳で映画学校に入り、それからずっと何かしらの形で日本映画に関わり続けてきた、たった今も映画の準備に右往左往侃侃諤諤している人間の実感が、この新書の一語一語の取捨選択の土台となっている。

できる限りデータを集め客観性を大切にはしているが、しかしあくまで私の視座から捉えられた映画業界の断片であり、決して業界の真実（があるとすればだが）を暴いたり網羅的に把握するための本ではない。書き手が変われば、その内容もまた変わってくる、その程度の、一実作者からの小さな証言に過ぎない。しかし、研究者やジャーナリストの視点だけではない、当事者からの「フィードバック」が社会にとって重要であることは、本書でも触れた通りである。

社会は多様な声とその受容、それがもたらす小さな変化の積み重ねで成り立っている。

本書もまた、小さな変化のささやかなきっかけとなれば幸いである。

本書は、私が主に2010年頃にWEB記事として執筆した連載「映画と労働を考える」で書いた内容をベースに、その後にいろいろなところで発表してきた原稿を拾いながら、大幅に加筆修正をしたものである。過去の文章を読み返してみると、2010年にはもうフランスのCNCについて熱っぽく語っていて、飽きもせず同じことを言い続けていることに我ながら呆れもする。一方で、今回の執筆に当てた1年近くにわたる期間は、私にとって新たな学びの時間でもあった。

本書を書くにあたって、私に不足している知見を埋めるために、多くの方に力添えを頂いた。まず、私が現在参加している一般社団法人日本芸能従事者協会、表現の現場調査団、action4cinema／日本版CNC設立を求める会、PAVLICの活動を通じて得た知識が本書には多く盛り込まれている。各会のメンバーたちにはお世話になりっぱなしである。

第4章におけるリュミエールの映画を題材にしたメディアリテラシーについての講義内容については、20代の頃から親交の続くアーティストの藤井光さんとからの学びが大きい。

本文でお名前を紹介させて頂いたチョン・インソンさん、川口ともさん、近藤香南子さん、SAORIさんの他に、映画プロデューサーの澤田正道さん、アントワーヌ・ジューブさん、戸山剛さん、映画監督の西原孝至さん、西村晋也さん、カメラマンの春木康輔さん、弁護士の四宮隆史さんにお時間を頂き、質問をさせて頂いた。

また、構成にご協力頂いた稲田豊史さん、編集者として長期にわたり支えて頂いた志摩俊太朗さん、そして平凡社編集部の皆様、各位に深く感謝を申し上げたい。

執筆にあたって引用させて頂いた論文や文献、データについては、本文の該当箇所に掲載させて頂いた。より深く知りたい方は引用元の文献もぜひ手に取ってみてほしい。論文はインターネットで読めるものも多い。

こうやって日本映画の過酷な労働環境や酷い実態について書くと、映画界に対し後ろ向きな感情を抱いてしまう読者の方もいるかもしれない。一方で、本書を執筆している間にも新たな動きが起きつつある。最後に、近年の前向きな変化について綴っておく。

21年に、これまで一部の職業にしか認められていなかった特別加入労災保険に俳優や映画演劇スタッフなど、「芸能従事者」が認められたことは、画期的な変化として特筆すべきことだ。芸能の現場で働くフリーランスの不安定さの是正のために尽力された、俳優の森崎めぐみさんらの功績は大きい。

その森崎さんが業界への影響が必至であると指摘するのが、ドライバー労働時間規制だ。自動車運転者の労働時間等の改善のための基準の改正で、日本芸能従事者協会主催の公開勉強会などを通じて業界内でも徐々に知られるようになった。車輛部が現場の安全の根幹を担う映画業界にとって避けては通れない制度改正で、24年4月から適用されることとなった。そして同年11月にはフリーランス新法が施行となったのは本書で触れた通りである。
そして24年の6月には内閣府が進める「新しい資本主義実現会議」にはコンテンツ産業官民協議会の設置と併せて映画振興に特化した「映画戦略企画委員会」の設置が明記され、同年9月9日には第一回が開催された。映画への「一貫的で強力な支援」のために「文部科学省・経済産業省の両省庁の施策を統合」するもので、もしかしたら日本版CNCに相当する新たな公共性の高い統括機関へとつながるか？　と期待が寄せられている。

これらの変化はすべて、映画業界の旧式な構造の外から起きてきたことである。この動きをきちんと受け止め、変わることができるのか、それとも社会の変化から置いていかれるのか、日本映画業界はまさに転換点に立たされている。
多様な映画のために、そこで働く人間のために、今何ができるのか。引き続きみんなで考えていきたい。

2024年8月　深田晃司

参考文献

アート&ソサイエティ研究センター/SEA研究会編「ソーシャリー・エンゲイジド・アートの系譜・理論・実践 芸術の社会的転回をめぐって」フィルムアート社、二〇一八年
一般社団法人コミュニティシネマセンター/action4cinema 日本版CNC設立を求める会「映画館の経営状況と今後についてのアンケート」集計結果報告 二〇二三年
井上雅雄『文化と闘争——東宝争議〈1946-1948〉』新曜社、二〇〇七年
岩崎昶『世界映画史』白揚社、一九五一年
韓国独立映画協会『独立映画』一九九九年
桔川純子「韓国の「芸術家の地位と権利の保障に関する法律」の概要」二〇二二年、日本芸能従事者研究所
経済産業省「映画制作現場の適正化に関する調査報告書」二〇二二年
呉学殊「韓国の芸術家福祉法と芸術家・文化芸術の実態」二〇二二年、日本芸能従事者研究所
CNC「Bilan 2022 du CNC」
東京大学社会科学研究所/編『東京大学社会科学研究所資料第11集 東宝争議(1948年)資料』東京大学社会科学研究所、一九八六年
東京大学社会科学研究所/編『東京大学社会科学研究所資料第14集 東宝争議(1948年)資料(其の二)』東京大学社会科学研究所、一九八九年

東宝株式会社／全国映画演劇労働組合東宝支部『東宝の新労働協約について』一九四七年
とちぎあきら「『フランスにおける映画振興に対する助成システム等に関する実態調査 報告書』のための
ささやかなガイド」二〇二二年
日本現代史研究会編『画報現代史〈第4集〉1947年7月-1948年4月――戦後の世界と日本』国
際文化情報社、一九五四年
日本芸術文化振興会「フランスにおける映画振興に対する助成システム等に関する実態調査」二〇二二年
表現の現場調査団「表現の現場ハラスメント白書2021」
表現の現場調査団「表現の現場ジェンダーバランス白書2022」
平田オリザ『芸術立国論』集英社新書、二〇〇一年
藤原夏人「韓国の芸術家福祉法」、『外国の立法277』二〇一八年九月、国立国会図書館調査及び立法考査局
『ブリタニカ国際大百科事典 第三版』TBSブリタニカ、一九九五年
森田秀二「フランスにおける映画教育〔1〕」『教育実践学研究17』二〇一二年、日本教育実践学会
森田秀二「フランスにおける映画教育〔2〕」『教育実践学研究18』二〇一三年、日本教育実践学会
東宝株式会社／全国映画演劇労働組合東宝支部『東宝の新労働協約について』一九四七年
東京大学社会科学研究所／編『東京大学社会科学研究所資料第11集 東宝争議（1948年）資料』東京
大学社会科学研究所、一九八六年
東京大学社会科学研究所／編『東京大学社会科学研究所資料第14集 東宝争議（1948年）資料〔其の
二〕』東京大学社会科学研究所、一九八九年

p.187 Enfants annamites, Gabriel Veyre
https://commons.wikimedia.org/wiki/File:Enfants_annamites,_Gabriel_Veyre.jpg

p.201 The Guardian　Picture imperfect: why photos of 'crowded' beaches may not be what they seem,by Carly Earl / The Guardian
https://www.theguardian.com/australia-news/2020/sep/13/picture-imperfect-why-photos-of-crowded-beaches-may-not-be-what-they-seem

画像出典

p.57　日本現代史研究会編『画報現代史〈第４集〉1947年７月－1948年４月――戦後の世界と日本』国際文化情報社、1954年

p.171　camera obscura abrazolas,
https://commons.wikimedia.org/wiki/File:001_a01_camera_obscura_abrazolas.jpg

p.171　Camera Obscura box18thCentury,
https://commons.wikimedia.org/wiki/File:Camera_Obscura_box18thCentury.jpg

p.173　The Horse in Motion high res
https://commons.wikimedia.org/wiki/File:The_Horse_in_Motion_high_res.jpg

p.173　Le Derby de 1821 à Epsom - Théodore Géricault - Musée du Louvre Peintures MI 708 - photo 2
https://commons.wikimedia.org/wiki/File:Le_Derby_de_1821_%C3%A0_Epsom_-_Th%C3%A9odore_G%C3%A9ricault_-_Mus%C3%A9e_du_Louvre_Peintures_MI_708_-_photo_2.jpg

p.175　Fusil de Marey p1040353
https://commons.wikimedia.org/wiki/File:Fusil_de_Marey_p1040353.jpg

p.175　Marey - birds
https://commons.wikimedia.org/wiki/File:Marey_-_birds.jpg

p.177　Kinetophonebis1
https://commons.wikimedia.org/wiki/File:Kinetophonebis1.jpg

p.177　Institut Lumière - CINEMATOGRAPHE Camera
https://commons.wikimedia.org/wiki/File:Institut_Lumi%C3%A8re_-_CINEMATOGRAPHE_Camera.jpg

p.178　Cinématographe Lumière (1896) poster, by Henri Brispot
https://commons.wikimedia.org/wiki/File:Cin%C3%A9matographe_Lumi%C3%A8re_(1896)_poster,_by_Henri_Brispot.jpg

p.183　Sortie-usine-Lumiere-versions
https://commons.wikimedia.org/wiki/File:Sortie-usine-Lumiere-versions.jpg

p.185　Victorian-Edwardian workers caught on film (1901)
https://commons.wikimedia.org/wiki/File:Victorian-Edwardian_workers_caught_on_film_%281901%29.webm

【著者】
深田晃司（ふかだ こうじ）
映画監督。1980年東京都生まれ。映画美学校修了後、2005年から平田オリザ主宰の劇団「青年団」に所属。その一方で自主映画も監督。10年、『歓待』で東京国際映画祭「日本映画・ある視点」部門作品賞受賞。16年、『淵に立つ』でカンヌ国際映画祭「ある視点」部門審査委員賞受賞。22年、東京国際映画祭にて黒澤明賞を受賞。20年、濱口竜介らと共に小規模映画館支援のための「ミニシアター・エイド基金」を立ち上げ。22年には是枝裕和、諏訪敦彦らと共に「action4cinema 日本版CNC設立を求める会」を立ち上げ活動している。

平凡社新書1069

日本映画の「働き方改革」
現場からの問題提起

発行日――2024年10月17日　初版第1刷

著者――深田晃司
発行者――下中順平
発行所――株式会社平凡社
〒101-0051 東京都千代田区神田神保町3-29
電話 (03) 3230-6573［営業］
ホームページ https://www.heibonsha.co.jp/
印刷・製本―TOPPANクロレ株式会社
装幀――菊地信義

ISBN978-4-582-86069-6

【お問い合わせ】
本書の内容に関するお問い合わせは
弊社お問い合わせフォームをご利用ください。
https://www.heibonsha.co.jp/contact/